함수

세상에서 가장 아름다운 모습

하루의 시작을 기도로
잠자리에 들 때도 기도로
하얀 머리 천사 우리 어머니.

은총이 가득하신 마리아여 기뻐하소서
백 세 되려면 세 살이 모자란 어머니가
오단 묵주를 매일 다섯 바퀴나 돌리며
묵주 기도를 드리신다.

어머니 아침 드셔요
조금만 기다려라
성경 읽는 중이다.

어머니 저녁 진지 드셔요.
조금만 기다려라.
저녁 기도 중이다.

자식들과 손자 손녀, 조카들과 은인들,
불쌍한 영혼들을 위하여
종일토록 기도로 사시는
세상에서 가장 아름다운
어머니의 모습.

이여산 수필집

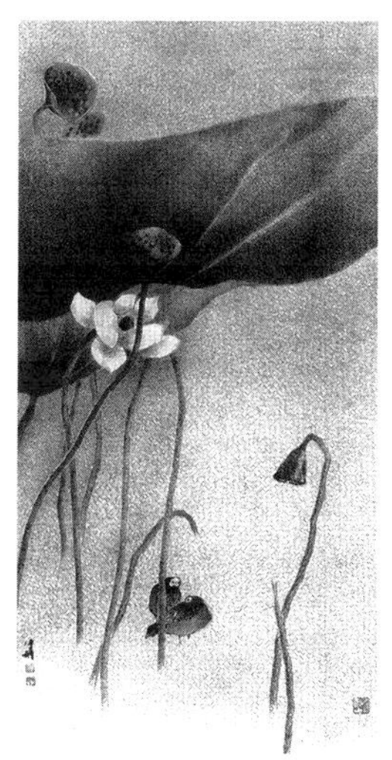

신아출판사

아름다운 꿈

계절은 비록 추운 겨울이어서 흰 눈이 수북수북 쌓이지만 새봄 같은 희망을 안고 새해가 떠오른다. 매일 어김없이 떠오르는 태양이지만, 계사년 새해엔 지난 허물과 고통은 벗어버리고 모든 이들에게 좋은 일만 많이 생기면 좋겠다. 세월은 유수같이 흘러서 어언 고희를 맞았다. 노년의 삶은 어떤 것일까? 막연한 무력감의 연속일까? 궁금했었다. 사람은 한치의 앞도 모른다더니 나이가 들수록 시간이 남아도는 게 아니라 나를 필요로 하는 일들은 많았다. 고희를 맞은 이 시점에 나의 삶을 돌이켜보면 나는 하느님의 축복을 한없이 많이 받은 사람인 것 같다. 이 세상에서 나를 가장 사랑해주신 어머니께서 올해 구십칠 세로 생존해 계시니 나는 마음놓고 빨강색깔 옷도 입을 수 있고, 그동안 어머님께 불효했던 일들도 반성하고 오늘부터 새 마음으로 효성스런 딸이 되기 위해 노력할 수도 있으니 얼마나 좋은가. 남편이 계셔서 항상 따뜻한 잠을 잘 수 있고, 세 자녀가 일곱 명의 귀여운 손자 손녀를 안겨주었으며, 제각기 열심히 살고 있으니 이 이상 무얼 더 바라랴! 그리고 내가 정말 힘들고 재미 없을 때에도 컴퓨터 앞에 앉아서 가슴을 열고 글을 쓸 수 있다는 사실이 가장 위로가 되고 축복인 것 같다. 글을 쓰는 순간만은 나는 어린 시절 초등학생도 될 수 있고, 꿈 많던 소녀로 돌아갈 수도 있으니 말이다. 가슴이 답답할 때마다 내 마음을 털어 놓을 수 있는 공간이 있다는 것은 큰 축복이다. 영혼이 가장 정화되는 순간이니까, 남은 인생살이에도 내가 있어야 할 곳에 항상 내가 있고, 내가 해야 할 일들을 빠짐없이 성실하게 수행할 수 있는 건강과 평화가 늘 함께하기를 기도드린다. 석양의 노을빛도 아름답지만 불끈 솟아올라 유리알처럼 반들거리며 희망이 용솟음치게 하는 아침 해를 더욱 사랑하고 싶다. 누군가 '인생은 칠십부터' 라고 말했다. 남은 생은 성경에 나오는 포도밭 주인의 마음을 닮아가는 삶을 살고 싶다. 그리고 무력증에서 벗어나 나 자신에게 엄격한 규칙을 세워서 시간 도둑을 잡고 그동안 게을리했던 시 창작 공부와 동화 쓰기에도 정진해보고 싶다. 꿈은 이루어진다는 긍정적인 생각으로 의욕적인 발걸음을 내디디며 꿈을 펼쳐갈 수 있기를 기원해본다.

2013년 1월 1일

새아침에 **이 여 산** 씀

◆ 차례

2부 | 예술의 혼

3부 | 포도밭 주인의 마음

4부 | 축제

5부 | 향수

6부 | 행복이란 파랑새는

해설 / 진중한 자아 성찰과 휴머니즘으로 정채精彩를 빚는 수필

— 이여산 수필가의 수필, 그 도도한 인간학

- 소재호 (시인, 석정문학회장) · 237

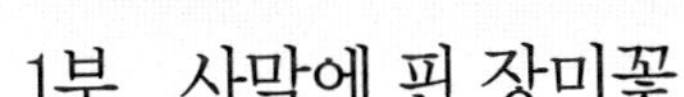

1부 사막에 핀 장미꽃

지구의 역사 그랜드캐니언

꿈의 세계 디즈니월드

사막에 핀 장미꽃

넓고도 좁은 세상

팥죽을 끓이며

소풍날

여자의 허영심

지구의 역사 그랜드캐니언

미국이 자랑하는 자연의 보고요, 세계인들이 신의 최대 최후의 걸작품이라고 극찬한다는 '그랜드캐니언'은 애리조나주 북부에 위치한 세계 최대 규모의 협곡이다. 1919년에 국립공원으로 지정된 이 협곡은 길이447㎞, 너비 6~30㎞, 깊이 1,500m쯤 된단다.

즉 서울에서 부산까지 경부선 철도의 길이와 비슷하고, 깊이는 지리산의 높이와 비슷하다는 것이다. 이 캐니언은 동·서로 길게 이어지는데 이 협곡의 중앙에는 콜로라도 강이 흐른다. 동부에서 서부로 올 때 비행기에서 내려다보았던 대협곡이 이곳이었나 보다.

광활한 사막 위에 수많은 동그라미 모양을 그려 놓고 그 안에 조림 사업을 시도하고 있는 걸 보면 또 하나의 황금알을 낳기 위해 계획하고 있나 보다. 라스베가스, 그랜드캐니언처럼 말이다. 드디어 목적지에 도착하여 대협곡이 시야에 들어오는 순간 입이 딱 벌어졌다.

화산작용으로 칼로 딱 자른 듯 갈라진 대협곡 안에는 수억 년 동안 비바람과 급류에 깎이고 바다 지층이 융기되면서 형성된 협곡이 대스팩타클 파노라마를 연출하고 있었다. 오랜 세월을 나타내는 지층들이 마치 개성이 다른 고층 아파트들처럼 각각 다른 지질 시대를 대변하는 듯 사암, 석회암, 진흙층 등이 살색, 적토색 ,회색, 검은색 등등 갖가지 색으로 펼쳐져 있다. 신의 손끝을 빌어 자연이 빚어낸 예술품들이다.

"야~! 장관이로다!"

탄식을 자아낸다. 남산의 팔각정 모양, 그 아래로 주욱 내려오면서 자금성, 만리장성, 제주도의 성산포 모습, 그리스 신전, 이집트의 피라미드, 마녀가 살고 있음 직한 유리성, 불국사의 탑, 악어 모양 등등의 형상을 한 걸작들을 여기저기 주욱 늘어놓았는가 하면, 주름진 커튼 자락을 늘어뜨린 듯 깎아지른 거대한 절벽 그 아래로는 고속도로처럼 평평한 길 모양도 보이고, 협곡은 지평선 저 너머로 끝없이 이어진다.

그 모습을 말로는 표현할 길이 없어 그림으로 대강 스케치를 했더니 룸메이트가 날보고 미술가란다.

우리가 서 있는 곳은 평평한 평원이고 협곡의 건너편에도 끝없는 푸른 평원이 펼쳐져 있다.

17억여 년 전 어느 날 하나의 대평원이 화산작용으로 마치 칼로 두부모를 베듯이 좌악 갈라지면서 그 사이에 대협곡이 생긴 것이다. 협곡의 양쪽 주변 평원에는 향나무들이 빼곡해 검푸른 머리칼 같다. 즉, 향나무가 자라고 있던 광활한 대평원이 화산작용으로 좌악 갈라지고 벌어지면서 그랜드캐니언이 생기고 콜로라도 강이 생긴 걸까?

평원을 도보로 오전 내내 거닐고 나서 점심식사 후엔 경비행기를 타고 둘러보았다. 공중에서 내려다보니 마치 지옥에서 불을 뿜는 듯 자욱한 검은 연기가 여기저기에서 뭉게뭉게 피어오른다.

그랜드캐니언의 모습은 매일 매시간 같지 않단다. 해가 높이 뜰수록 흐르는 구름이 다를수록 모습이 달라진단다. 살아있는 지구의 역사를 보기 위하여 해마다 500여만 명의 관광객들이 찾아온단다. 라스베이거스나 그랜드캐니언 같은 사막을 황금 밭으로 만드는 이 나라의 능력에 부러움을 금치 못하겠다.

그랜드캐니언이 있는 애리조나주는 미국에서 여섯 번째로 큰 주인데 척박하여 사람이 살기 힘든 땅이었단다. 정부에서 파견된 관리는 에이커 당 10센트의 가치도 없는 불모의 땅이라고 보고했단다. 그랜드캐니언을 최초로 발견한 것은 1869년 쟌 웨슬리 소령이 두 명의 부하와 함께 목숨을 걸고 콜로라도 강을 거슬러올라가 탐험해서 발견했단다.

그랜드캐니언이 국립공원으로 승격된 데는 루스벨트 대통령의 공이 매우 크단다. 그랜드캐니언 국립공원에서는 자연 그대로의 국립공원을 잘 유지하기 위하여 케이블카도 철거시켰다고 한다. 미국의 국립공원 안에서는 상점을 볼 수 없었다. 철저하게 금연구역이었고 자연보호를 철저히 잘하고 있었다. 우리나라에서도 요즘은 많이 정화된 모습이어서 다행이다. 그래야 자연이 잘 유지될 수 있을 테니 말이다. 자연은 영원히 묵묵하게 이어지고 사람은 잠깐 쉬어가는 바람 같은 존재들이니 자연을 훼손해선 안 될 일이다. 굵은 카이발 향나무가 잘 자라는 그랜드캐니언은 인디언들의 숭고한 성지이며 자치구역이다.

만 년 전부터 이곳에서 인디언들이 살아왔지만, 그들은 그랜드캐니언을 관광수입을 올려주는 삶의 터전으로만 생각할 뿐 신의 최대의 걸작품으로 볼 줄을 몰랐다. 지금도 이 지역은 인디언 보호구역이다. 인디언들은 향나무로 집을 짓고 향을 피우며, 음식을 익혀 먹고 재는 향료로 사용하며, 선인장으로 비누를 만들어 사용한단다. 그들은 해와 달, 온갖 사물에 영혼이 있다는 토속신앙을 믿고 있다 한다. 미국 정부에서는 인디언 보호구역에 살고 있는 그들에게 생활 보조금도 주고 있단다.

우리 일행은 이곳에서 간단한 점심식사를 하며 기념품 매점에서 여러 가지 인디언 문화를 엿볼 수 있었다. 그들이 만든 수공예품들과 인형, 장난감, 악기, 장신구, 옷과 벨트 등을 구경하고 이곳을 방문한 기념으로 인디언 아가씨 모습의 인형과 액세서리 두어 점을 샀다.

지구의 나이가 46억 살이라는데 이 협곡의 생성 역사를 17억 년으로 추정한다니 지구 역사의 삼분의 일을 고스란히 간직한 지질 역사의 보고인 그랜드캐니언이다. 그렇다면 우리는 타임머신을 타고 지구의 살아있는 역사를 오늘 탐방하고 있는 셈이 아닌가!

세계 7대 불가사의 중 하나인 그랜드캐니언은 자연의 위대함과 신비로움을 고스란히 간직하고 있다.

사람들은 그랜드캐니언을 마주하면 신을 생각하게 된다고 한다. 자연 앞에서 인간들은 얼마나 작은 존재인가! 개미 한 마리쯤 밟아 죽이는 것은 아무런 양심의 가책조차 느끼지 않는 게 사실이지만, 우리들도 작은 개미 한 마리와 다를 게 무언가? 풀 한 포기, 꽃 한 송이를 대할 때에도 겸허한 마음으로 옷깃을 여미며 살아야 하리라.

꿈의 세계 디즈니 월드

미국 플로리다주의 올랜드에 있는 디즈니 월드에 외손자 가족들과 갔던 때가 벌써 3년 전의 일이다.

'월트디즈니 월드'는 미국 최고의 관광도시이자 세계에서 가장 큰 테마파크이다. 예전엔 인구 5만 명 정도가 거주하는 황무지로 늪과 숲 지대였는데, 디즈니 월드가 세워지며 20만으로 늘어났고 점점 더 불어나는 상태의 도시란다. 이곳을 대표하는 테마파크는 주로 흥미진진한 볼거리와 놀이기구들 때문에 관광객들에게 가장 인기가 좋다는 '매직킹덤'과 미래 사회의 놀이와 교육을 실험적으로 형상화시킨 모델케이스라는 '앱콧센터', 그리고 헐리우드의 매력을 한껏 맛볼 수 있다는 'MGM 스튜디오'와 열대 아프리카 야생 생물들을 구경할 수 있는 '애니멀 킹덤' 등 4군데이다. 아울러 샌디애고와 태평양에 살고 있는 모든 해양 생물을 모아놓은 듯한 '시 월드' 와 디즈니 캐릭터가 새겨진 시계, 페넌트, 티셔츠, 가방, mp3, 액세서리와 완구들을 살 수 있는 디즈니 다운타운도 있다.

우리 일행은 시간이 없는 관광객들이 딱 한 군데만 선택해서 본다면 많은 사람들이 선호한다는 '매직킹덤' 을 맨 첫날 보기로 했다. 그곳에 가는 모노레일을 타기 위해 인종이 다른 수많은 인파가 모여들고, 내린 후엔 훼리보트로 갈아탔는데 잠시 지나니 저만큼 멀리 꿈의 궁전 같은 성이 나타난다.

갖가지 모험을 체험할 수 있고 남녀노소 모든 이들에게 즐거운 추억을 만들어준다는 놀이동산 '디즈니 월드' 에 내가 왔다는 사실이 꿈만 같다. 나의 가슴은 기대감으로 가득 찼고 곁에 있는 딸과 손자 손녀 그리고 모든 이들의 마음도 마찬가지이리라.

드디어 매직킹덤의 입구에서 내리니 이곳에서 가장 유명한 상징물이라는 '신데렐라성' 이 꿈의 궁전처럼 멋있게 서 있고 디즈니의 대표 캐릭터인 미니와 미키마우스가 오는 이들을 반겨주었다.

'매직킹덤' 은 신데렐라성을 중심으로 모든 시설들이 위치하고 있어서 시간을 낭비할 필요 없이 천천히 길을 따라가면서 즐기면 다시 출발했던 원점으로 돌아오게 된단다. 가는 곳마다 보이는 것마다 신기하고 환상적인 꿈의 세계가 현실화된 것 같았다. 만화나 세계 명작동화책을 읽으며 상상했던 환상적인 꿈의 세계에 들어온 것 같은 기분으로 하나하나 구성했다.

세계에서 제일 유명한 에니메이션 캐릭터인 귀여운 꼬마 생쥐 미니와 미키마우스, 월트 디즈니의 대표적인 캐릭터 도널드 덕, 구피 등의 가면을 쓴 마스코트들이 행동도 동화나 만화 속에서처럼 꼭 그렇게 하면서 아이들은 물론 남녀노소에 이르기까지 가족과 친구, 연인들을 경쟁심이나 차별의식 없는 흥미로운 동심의 축제 세계로 이끌어간다.

독수리 요새, 레고 월드, 디즈니 와일드킹덤을 지나서 서부 시대 미국 개척자들의 생활상을 탐험하기 위해 여러 가지 탈것들을 기다리는 줄은 끝이 없었다. 마치 인종 전시장을 방불케 하듯 피부색과 생긴 모습이 사뭇 다른 어린이들이 보호자의 손을 잡고 몸을 뒤틀었다. 특히 개구쟁이 손자 녀석은 참지 못해 사람들 사이를 비집고 연신 왕래하니 행여 귀한 손자 잃을까 봐 조마조마하였다.

구경 다니기도 지친 듯한 어린이들에게 아이스크림은 가장 좋은 친구였다.

이곳에 있는 건물들은 하나같이 아름다웠다. 건축의 꽃이라 불리는 '월트 디즈니 콘서트 홀'은 디즈니의 사후에 미망인의 의뢰로 지어져 세계적으로 유명한 오케스트라나 합창단들의 공연장이 되고 있단다. 그 밖에도 디즈니 랜드 성을 건축할 때 모델로 삼았다는 일명 '백조의 성'이라고도 불리우는 독일 휘센의 '노이슈반슈타인성'처럼 가장 아름다운 궁전 같은 건축물들은 오나시스의 별장같이 세상에서 존재할 수 있는 가장 아름다운 집들을 모두 집합시켜 놓은 게 아닌가 싶을 정도로 멋있고 아름다웠다.

점심식사는 호숫가에 보랏빛 등나무가 아름다운 식당에서 스파게티와 빵, 우유 등을 주문하였다. 요란한 악대 소리가 나서 서둘러 점심을 마치고 쫓아가 보니, 낮에 공연하는 기상천외의 화려한 퍼레이드가 시작되었다. 밴드의 연주에 맞추어 춤을 추며 에스코트하는 무희들을 따라서 끝없이 이어지고 있는 퍼레이드 행렬은 동서고금을 망라한 유명한 동화 속의 내용들과 명화 중의 장면들을 실제로 재현하고 있었다.

예를 들면 '백설공주와 일곱명의 난장이들, 알라딘과 람프, 헨젤과 그레텔, 인어 공주, 노틀담의 꼽추, 슈렉, 스타워즈, 그리스 신화 속의 영웅들, 행복한 왕자, 신데렐라, 미녀와 야수, 피터팬' 등등. 마치 뮤지컬의 한 장면을 보는 것 같은 무대들이 탈것 위에 설치되어 있어 왕자와 공주 같은 미인들이 화려하고 우아한 의상을 입고 내려다보며 관중들을 향해 손을 흔들며 지나갔다.

행렬은 꼬리에 꼬리를 물고 끝없이 끝없이 이어졌다. 그 아름답고 화려한 정도는 무어라 말로 표현할 길이 없었다.

'그래! 세계적으로 유명한 디즈니 월드이니 그렇겠지, 미국은 역시 대단하구나!'

퍼레이드는 매일 낮과 밤에 두 차례씩 있다고 한다. 가는 곳마다 보이는 것마다 대단한 볼거리들이라 한꺼번에 맛있는 음식을 잔뜩 차려 놓은 밥상을 앞에 두고 다 먹을 수 없어서 이것 조금 저것 조금 맛보듯이 구경을 다니느라 지쳐서 대충 한 바퀴 돈 후에는 신데렐라 성이 있는 곳으로 뮤지컬을 보기 위해 서둘러 갔다. 공연 시간까지는 좀 여유가 있었다.

지친 다리도 쉴 겸 간이 휴게실 의자에 앉아서 오가는 사람들을 구경하였다. 옷차림이나 생김새를 보면 대개 어느 나라 사람인지 알 수 있었다.

내 곁에도 인도 여인과 할아버지들이 앉아있지만 말이 안 통하니 바라만 볼 뿐이다. 공연이 시작되기 전이라 기다리는 동안 어떤 이들은 스피커에서 나오는 음악에 맞추어 춤을 추기도 했다. 그 중에서도 시종일관 열심히 춤을 추는 젊은 여인은 남미 계통 사람처럼 보였는데, 유니폼을 착용한 걸로 보아 이 광장에서 일하는 도우미인 듯했다. 이 광장을 지나치는 대부분의 서양 사람들은 춤추는 이들이 함께 어울리자는 듯한 몸짓을 하면 바쁜 중에도 단 몇 분이라도 함께 흔들다 가곤 했다.

'그래, 역시 매너가 저들 정도는 되는 게 좋아. 그런데 난 뭐야? 구경만 하고 있잖아! 나를 아는 사람들도 없는 이곳에서 흉잡힐 일도 없는데 말이야.'

나는 광장 주변을 돌며 '디즈니 동상'에 새겨진 아주 짤막한 글을 읽어 보았다.

'월트 디즈니'는 미국의 시카고 출신인데, 만화 영화 제작자로서 미키마우스 시리즈와 백설공주 같은 극영화, 「사막은 살아있다.」와 같은 기록 영화 그리고 판타지아 등의 일련의 단편, 장편 영화들을 감독하고 제작하는 사업가였다.

모든 이들에게 꿈과 용기, 사랑을 심어주었던 월트 디즈니가 지금의 명성과는 다르게 시작 단계에는 굉장히 초라했고, 많은 아픔이 있었다.

그의 어린 시절은 꽁꽁 얼 것 같은 가난한 다락방에서 진짜 생쥐 꼴로 살면서 사채에 쫓겨 가족 동반 자살을 꾀할 정도의 빈곤과 아버지의 학대에 시달리는 우울한 날들이었다.

고등학교 때부터 상업 미술에 뜻을 두고 광고 만화를 그렸고, 비가 오나 눈이 오나 신문을 배달하는 한편, 약국에서도 일해 돈을 모아서 미술 도구를 샀다. 그는 종이에 귀가 큰 쥐를 그려놓고 동료 만화가 '어브

이웍스' 에게,

"이 녀석을 주인공으로 만화 영화를 만들면 어떨까?"

하고 물었고, 친구도 그 쥐에 대해 큰 흥미를 느끼고 관심을 가졌다. 미국 영화를 빛낸 인물인 디즈니가 처음에 제작한 만화 영화는 주인공을 '미키마우스' 로 정하여 친구 '어브이웍스' 가 동작을 형상화하고, 목소리는 디즈니 자신이 맡았다. 드디어 1928년 엔터테인먼트 만화 영화 제작회사 '월트디즈니 프로덕션' 이 설립된 것이다. 빨간 셔츠와 노란 신발의 총천연색 만화 영화 '미키마우스' 는 대성공을 거두었고, 1932년에 아카데미상을 받았다.

남들이 하지 않는 새로운 일에 대한 도전정신이 강한 그는,

"마음속에 품고 있는 꿈과 계획은 반드시 이루어진다."

고 말하였다. 그의 성공 키워드는 '노력' 그 자체이다.

그가 처음에 만든 '디즈니 랜드' 는 엄청난 재정 압박의 어려움에 직면하여 1954년 ABC 방송사와 디즈니 랜드 설립 자금을 지원한다는 조건으로 '디즈니 에니메이션' 방영 계약을 맺었다. 1955년 7월 17일 디즈니 랜드 개막 당시 "꿈꿀 수 있으면 그 꿈을 이룰 수도 있다. 꿈을 현실로 만드는 비밀을 아는 사람에게 이루지 못할 것은 없다."고 외쳤던 그의 연설대로 1965년 올랜도 남쪽의 넓은 황무지를 사들여 캘리포니아 애너하임의 디즈니 랜드보다 100배가 넘는 '월트 디즈니 월드' 를 설립하였고, 1966년 그의 사후에도 디즈니 랜드는 토쿄, 홍콩, 파리, 상하이에도 계속 세워지고 있다. 디즈니의 동상 앞에 서서 상념에서 깨어났을 때 뮤지컬 공연 시간이 되었는지 사람들이 모여들기 시작했다.

신데렐라성을 배경으로 삼고 그 앞에 설치된 스테이지에서 연출되는

뮤지컬을 2편이나 보았다. 맨 처음에 본 공연은 「신데렐라」였고, 그 다음에는 「미키마우스레뷰」였다. 선장으로 변신한 미키를 중심으로 선원과 승객들, 그리고 디즈니의 여러 캐릭터들이 함께 노래를 부르며 춤을 추는 판타지 랜드는 마법과 기적이 되살아나고 미키마우스를 비롯한 디즈니 작품의 등장인물들이 총출연하는 환상적인 화려함과 웅장함이 매우 인상적이었다.

그렇기에 '메직킹덤' 의 인기가 사람들을 매료시키는가 보다.

해가 기울고 어둠이 내리자 간단히 저녁을 먹으며 손자들에게,

"오늘 구경 재미있었지?"

하고 물으니 고개만 끄덕였다.

구경도 좋지만 온종일 강행군했으니 그럴 수밖에…….

저녁에도 퍼레이드가 있었다. 내용은 낮에 한 것과 동일했지만, 낮에 보아도 환상적이었는데, 밤에는 전기 불빛의 효과가 보태져 말과 글로 표현할 길이 없는 화려함과 휘황찬란함의 극치였다.

퍼레이드를 좀 더 자세히 보려고 식당의 2층으로 올라갔지만 그곳에도 사람들의 울타리는 높아서 다시 내려와 어린 손자들과 퍼레이드 행렬이 잘 보이는 장소를 찾느라 왔다 갔다 했다.

그 길고 긴 행렬이 발산하는 빛의 쇼에 투자되는 돈은 얼마나 천문학적인 숫자일까?

호숫가에서 이뤄지는 불꽃놀이를 바라보면서 9시에 만나기로 가이드와 약속한 장소로 갔다.

오십대쯤으로 보이는 가이드는 인상이 순하고 수수해 보이는 전라남도 출신이었다. 카투사 군복무를 마치고 미국으로 건너왔는데 맞벌이

하느라 수고하는 부인과 대학생인 두 아들이 있단다. 동포들을 만나서 관광 안내하는 일이 적성에 맞고, 플로리다주는 춥지도 덥지도 않아서 노인들이 살기에 적합한 곳이라며 여생을 이곳에서 지낼 생각이란다. 부모님 생존하셨을 땐 해마다 한국에 다녀왔는데, 지금은 형제와 친구들을 만나러 몇 년에 한 번씩 다녀온단다.

첫날의 디즈니 관광을 마치고 호텔로 돌아왔다. 어린 손자들이 씻고 잠자리에 든 후 그들의 머리에 손을 살며시 얹고 오늘 하루도 우리 가족들에게 좋은 추억을 심어주시고 건강과 평화를 주신 하느님께 감사를 드렸다. 그리고 내일도 디즈니에서 건강하고 행복한 하루를 열어주시길 간절히 빌며 침대에 누워 오늘 하루를 되돌아보았다.

어린 시절의 역경을 불굴의 정신으로 극복하고 노력하여 꿈을 현실로 만든 '월트 이리아스 디즈니'는 이 세상을 떠났지만, 만화 영화를 예술로 승화시키는 노력을 넘어 디즈니 랜드라는 세계적인 왕국을 건설한 그는 이 지구상의 어린이들과 남녀노소 모든 이들의 가슴속에서 영원히 살아서 숨쉬는 존재라고 생각되었다.

나도 그의 노력을 본받아서

'나는 노인이야.'라는 생각을 버리고, 인생은 칠십부터라는 말처럼 좀 더 적극적이고 능동적인 생활 자세를 갖기 위해 노력해야겠다.

그리고 나의 꿈을 이루기 위하여 '시 창작 공부'에도 도전하여 좋은 시를 써보리라.

사막에 핀 장미꽃

미국의 서부 관광길에서 빠짐없이 들어가는 일정은 '그랜드캐니언'과 '라스베이거스'를 관광하는 일이다. 오늘은 먼저 라스베이거스를 향해 출발했다.

오전 8시경에 LA를 출발하여 모래와 자갈밭이 연속되는 사막을 지겹게 달리는 동안 간간이 눈에 보이는 것은 키 작은 향나무와 선인장, 배배 마른 듯 보이는 카이바포칠라 풀들이 목이 말라 죽겠다는 듯한 표정으로 지나가는 여행객들을 바라볼 뿐이다. 태양의 열기에 계란 프라이가 될 정도의 뜨거운 사막이지만 여행객들이 점심을 먹을 수 있는 음식점과 휘파람하우스(화장실)가 있어서 '살았구나!' 싶었다.

중국 음식으로 간단히 먹고 라스베이거스를 향해 다시 사막 길을 달리는 도로변엔 철조망을 친 곳이 있었는데, 야생동물 보호협회에서 동물들이 차에 치어 죽지 않도록 설치한 것이란다.

라스베이거스라는 말을 듣는 순간 대부분의 사람들은 카지노와 현란한 그랜드쇼 무대를 연상할 것이다. 오후 서너 시쯤 되니 사막의 한가운데를 흐르는 콜로라도 강줄기가 보이기 시작했다.

학교에서 「콜로라도의 밤」 가곡을 배울 땐 낭만적인 아름다운 정경을 연상했는데, 그 콜로라도 강이 사막에서 흐르는 강일 줄이야……,

이 강을 경계로 강을 건너면 서부 영화에 잘 나오던 「카우보이」 노래가 생각나는 '애리조나주' 이고, 카지노로 유명한 '라플린' 은 지정학적으로는 '캘리포니아주' 이며, 행정적으로는 '네바다주' 에 속한다고 한다. 저녁식사를 하기 전에 라스베이거스에 도착했다.

소문과는 달리 전혀 화려하지도 않고 요란스럽지도 않은 건물들이 쥐 죽은 듯이 조용하게 한증막처럼 후끈후끈한 불볕 태양 아래 묵묵히 서 있었다. 그곳에도 한국어 간판의 교포 음식점이 있어서 반가웠다.

우리 일행은 '아쿠아리스 호텔 겸 카지노장' 에 여장을 풀었다.

세계적으로 유명한 도박장을 겸한 호텔에 묵게 되니 가방을 특별히 잘 간수해야 할 것 같은 생각이 들었지만, 아무튼지 엘에이에서 혼자 왔다는 연하의 여성교포와 함께 룸메이트가 되었다.

그녀는 곧바로 언니라고 부르면서 편하게 대해줘서 참으로 고마웠다. 간편복으로 갈아입고 식당으로 내려가서 콜로라도 강물을 내려다보며 이른 저녁식사를 했다.

일행 모두가 사는 곳은 나르지만 같은 한국인이기에 금방 친해져 삼삼오오 짝을 지어 즐겁게 대화를 하며 사진도 찍었다. 해 질 무렵이 되니 여기저기에 네온사인이 켜지며 순식간에 화려한 야경이 펼쳐졌다.

저녁 해가 지기 전에 푸른 물빛의 강줄기가 길게 흐르는 콜로라도 강변을 산책하는데 키 큰 야자수와 유도화가 만발하고 그림같이 예쁜 집들이 서로 어울려 참으로 아름다웠다. 강물 때문에 기온도 견딜 만큼 쾌적했다.

진한 코발트빛 강물이 길게 흐르는 라플린은 호텔마다 카지노장을 겸하고 있단다.

휘황찬란한 네온사인 불빛이 화려한 강변을 거닐면서 과연 이곳도 사막일까? 믿기지 않았다.

푸르고 맑은 콜로라도 강물에는 오리 떼들과 팔뚝보다 좀 작은 큰 물고기 떼들이 여기저기 헤엄치고 다녀서 고추장만 풀면 곧바로 매운탕이 될 것 같았다. 모터보트를 타고 물보라를 일으키며 쇼를 벌이는 젊은 남성에게,

"나이스, 베리굿"

환호를 보내니 더욱 신이 나는지 S자를 그리면서 더 멋있게 묘기를 부렸다.

배 택시를 타고 콜로라도 강을 거슬러 올라갔다가 걸어서 호텔까지 내려오는데, 해가 진 밤에도 아스팔트 열기는 후끈하고 참기 어려워서 카지노 속으로 들어가서 1불씩 넣고 1센트짜리 게임을 했는데 환율이 높아서 한국인들은 도박을 하면 안 된단다.

'중국 사람들은 도박을 해도 안 되는 날이다 싶으면 접을 줄을 아는데, 한국 사람들은 욱하는 성질이 있어서 좀 붙는다 싶으면 다 날릴 때까지 간단다. 갬브리(도박)를 하지 말고 게임을 한다는 생각으로 '나는 그런 사람이 아니야.' 하는 사람도 카지노에 가면 이성을 잃는다나?

주위에 서양 할아버지와 할머니들이 많고 음악처럼 연속 들리는 소리는 돈을 따서 돈 떨어지는 소리들이란다.

정년퇴직을 한 미국의 노인들이 사막으로 몰려드는 이유는 덥고 건조한 기후가 신경통에 좋고, 또 치매에 걸리지 않으려고 카지노를 즐기기 위해서란다.

'담배를 피우며 지긋이 미소 띤 얼굴로 키를 누르는 저 여인은 무엇이 잘 맞아떨어지는지……,'

영화에 나오는 카지노장 딜러들은 젊고 멋있는 사람들이었는데, 실제 현장의 테이블에서 봉사하는 딜러들은 나이가 중년쯤 아니면 더 들어 보이는 사람들이었다.

라스베이거스의 그 유명한 월드쇼 관람비는 매우 비쌌다. 하지만 여기까지 와서 안 보고 갈 수는 없지 않은가. 거금을 들여 쇼를 보았는데 스케일이 웅장하고 화려하기 그지없다. 동양의 중국, 베트남, 태국, 한국 등지의 쇼들도 만만찮아선지 TV로 이곳의 쇼를 여러 차례 본 일이 있기 때문인지 특별히 새롭고 좋았다는 느낌은 별로 못 받았고 약간 본전 생각도 났다.

라스베이거스는 밤이 깊어갈수록 더욱 볼거리가 많아지고 흥미진진하게 불야성을 이루는 환락의 도시였다.

밤 9시부터 구시가지의 번화가에 들어서자 천장의 아치형 스크린에서는 '다운 타운 프레몬터 전구 쇼' 가 펼쳐졌는데 1,400만 개의 전구가 레드 스크린에 갖가지 영상 쇼를 펼쳤다.

모든 사람들은 고개를 쳐들고 천장의 영상을 바라보며 걷는데, 그 길이는 장장 370m에 달했다.

우리나라의 LG 전자에서 자본과 기술을 투자하여 이렇듯이 세계 최대의 엄청난 작품을 설치했다니 너무 자랑스러워 감격 그 자체였다. 라스베이거스를 찾아온 세계 각국 사람들이 한국의 기술과 능력을 우러러보게 하는 산 증표라 생각되어 내 어께도 으쓱해졌다.

라스베이거스에서 하룻밤에 사용하는 전력이 LA에서 한 달 동안 사용하는 전력의 양과 맞먹는단다.

각 호텔들은 자기만의 특징으로 손님들을 유치하기 위하여 경쟁하듯이 화려하고 멋진 볼거리들을 제공하려 심혈을 기울인 듯했다.

어느 곳에서는 로마의 교황님이 지나치는 인파 속에서 사람들에게 강복하는 모습을, 베네치아의 명물인 운하와 곤도라 위에서 노래하는 낭만적인 모습을, 그리고 세계 명작에 등장하는 갖가지 멋진 장면들을 재현하는 등등 볼거리는 넘쳐나고, 각양각색의 인파들은 마치 타임머신을 타고 자기가 어느 시대 어느 이야기의 주인공이나 된 듯 즐기는 라스베이거스는 이 지구상에 사람이 만든 도시 중에서 이만큼 화려하고 흥미진진하게 볼거리가 많은 도시가 또 있을까 싶었다.

또 매일처럼 이곳에 쏟아지는 달러는 얼마나 천문학적인 숫자일까?

물속에 뿌리를 내린 무성한 야자수들은 푸른 달빛 아래 살랑살랑 흔들리며 끝없는 환상을 불러일으켰다. 먹이를 주는 모터보트를 쫓아다니는 오리 떼들, 맑은 강물 속에서 시원스레 놀고 있는 물고기 떼들, 이렇듯이 아름다운 달밤에 「콜로라도의 달밤」이란 노래도 생겨났나보다. 과연 라스베이거스는 잠들지 않는 도시란 말이 수긍이 됐다.

내가 어릴 적엔 사막이나 에스키모 인들이 사는 남극이나 북극 땅은 죽음의 땅으로만 생각했었다.

그래서 '왜 하필 그런 곳에 태어났을까, 불쌍하다!' 는 생각을 하며 나는 삼한사온 사계절이 분명한 대한민국에 태어난 것을 감사하며 다행으로 여겼다.

그런데 서부의 사막 여행을 하면서 아무리 척박한 땅도 어느 나라의 국토인가에 따라서 라스베이거스처럼 사막에서도 꽃을 피울 수 있고 무한한 가능성을 가질 수 있는 땅이 될 수 있음을 알게 되었다.

잘사는 나라 못사는 나라는 땅과 기후의 영향이 아니고, 자긍심을 가지고 노력하는 국민들이 사는 땅에서는 사막에서도 장미꽃을 피울 수 있다는 개척 정신을 실감할 수 있는 좋은 여행이었다.

넓고도 좁은 세상

맨해튼의 아씨시 성프란치스코 성당에서 루시아 형님과 형님의 후배인 자매님 두 분을 만나서 같은 의자에 나란히 앉아 주일 미사를 봉헌하였다. 오랜만에 한국인 신부님께서 집전하시는 미사를 한국인 신자들과 더불어 봉헌하니 가뭄에 단비를 만난 듯이 기뻤다.

세계적인 대도시 뉴욕의 중심가인 맨해튼 성당에서 주일 미사를 봉헌하게 된 일이 꿈만 같았다.

이 성당의 내부는 전주의 주교 좌 성당보다는 좀 작아 보였으나 실내의 벽화와 십사처의 부조가 예술적으로 아름다웠다.

실례인 줄 알면서도 공지사항 말씀하시는 시간에 성당 내부의 이모저모를 사진기에 담았다. 미사 후엔 사진 찍을 시간이 없을 것 같았기 때문이다. 미사가 끝나고 나와서 루시아 형님께서 신부님과 인사를 나누는데 신부님의 곁에 '이종환 교장 선생님' 께서 서 계신 걸 보는 순간 깜짝 놀랐다.

세상에 이럴 수가. 한국에서도 못 만났던 분을 낯선 땅 미국에 와서 만나게 되니 너무도 반가워서 할 말을 잃을 정도였다. 교장 선생님께서도 무척 반가워 하셨다.

서로의 전화번호만 급히 적고 일행들과 떨어질까 봐 아쉽지만 헤어질 수밖에 없었다. 그날 노스 헤이븐의 집에 돌아오니 오후 네 시쯤 되었는데 교장 선생님께 전화를 드렸다.

십오 년 만의 해후인데 너무 아쉽게 작별을 해서 그간의 소식을 서로 물어 보았다.

"점심식사라도 같이 했어야 했는데, 다른 분과의 약속이 있어서 미사가 끝나자마자 곧바로 성당에서 나왔기 때문에 이 선생님을 만날 수 없었다."

하시며 사모님께선 못내 아쉬워하셨다. 다음에 다시 뉴욕 맨해튼 성당에 오는 기회가 있으면 미리 연락을 해서 꼭 만나자고 거듭 말씀하셨다. 사모님께서도 교직에 계셨고, 꾸르실료 봉사자 노릇을 하실 때 천호성지에 가면 만났던 분이기에, 가까운 사이는 아니지만 잘 알고 있는 터였다.

오늘은 평소에 뵙고 싶어도 만날 수 없었던 내가 존경하는 교장 선생님을 만나서 정말 신기하고 행복했다.

성모님께서 주신 은총이라는 생각이 들었다. 루시아 형님의 후배인 '강경대 마리아' 자매님이 사는 집은 그 성당 바로 옆집이었다. 육십 층 빌딩의 이십사 층에서 사는데 요즘 새로 지은 아파트라고 했다. 현관문을 들어서며 "이 집에 평화를!" 라고 말하며 고상 앞에서 잠시 기도를 드렸다. 그 댁에 들어가니 한국식 전통 가구들로 안방을 장식한 것이 매우 인상적이었다.

루시아 형님께서도 한국의 전통 장농을 사용하고, 전에 구역 반상회 때 방문했던 권젬마 자매님께서도 오래 묵은 한국의 전통 가구들로 방안을 장식했었다.

'조국을 그리워하는 마음으로 조상님들이 쓰시던 전통가구를 애용하는 게 교포들의 공통점인가 보다.' 는 생각이 들었다. 이 댁에선 앰파이어스테이트 빌딩이 바로 곁에 있는 것처럼 보여서 그걸 배경으로 기념사진을 찍었다.

아파트 실내에서 아래를 내려다보니 까마득했다.

마치 중국의 장가계, 원가계 여행 때 보았던 수십 개의 뾰족뾰족한 산봉우리들처럼 높은 빌딩들이 숲을 이루고 있었다. 과연 세계적인 대도시 뉴욕이구나 싶었다. 그 댁에서 점심식사 준비를 해주셔서 고마운 마음으로 맛있게 먹었다.

모처럼 한국의 맛있는 찌개와 백반, 맛깔스러운 반찬들을 먹고 더 청해서 양껏 맛있게 먹었다. 생전 처음 만나는 분들이지만 교우이고 루시아 형님이 데리고 온 한국인이라는 정으로 그러한 초대를 받은 것이 너무 고마웠다.

이 모든 일들이 하느님의 은총이라는 생각에서 식사 전 기도를 내가 자청해서 하였다.

그 댁의 막내 따님은 이종환 교장 선생님과 함께 '탈북 동포 돕기 운동' 에 참여하고 있고, 교장 선생님께선 그 모임의 회장님이라고 하셨다.

마리아 자매님께서도 내가 이종환 교장 선생님과 인사를 나누는 걸 보고 깜짝 놀랐다고 했다.

'내가 교직에 있을 때 모시던 존경하는 교장 선생님이신데 십오 년 만에 처음으로 만났다' 고 하니 세상은 참으로 넓고도 좁다며 뉴욕이 이렇게 큰 도시이지만, 누가 어디서 무슨 말을 했는지 가만히 앉아서도 입소문으로 다 들려온다고 죄짓고는 못 산다고 했다.

마리아 자매님께서도 이종환 교장선생님 내외분을 잘 알고 존경하는 것 같은 느낌을 받았다.

이번에 뉴욕에 온 것은 순전히 성모님의 은총이라는 생각이 들었다.

이 더운 여름날 나처럼 보잘 것 없는 나그네를 위해 성찬을 베풀어 주신 걸로 보아 마리아 자매님은 그릇이 큰 분이라는 생각이 들어 그 댁의 가정을 위해 주님의 축복이 내리시길 기도드렸다.

나도 나그네를 잘 대접하는 사람이 되기 위해 노력해야겠다.

팥죽을 끓이며

오늘은 루시아 형님이 뉴욕에서 돌아오시는 날이다.

기적소리가 들릴 때마다 '저 기차를 타고 어디든지 다닐 수 있다면 얼마나 좋을까!' 갈망하던 나에게 처음으로 기차를 타고 뉴욕을 구경시켜주신 분이다. 고마운 형님에게 어떻게 보답할까 궁리하다가 팥죽을 끓여다 드려야겠다고 생각했다.

지난번에 팥죽을 갖다 드리니 아주 좋아하시던 생각이 났기 때문이다. 한여름 삼복 더위에 좀 힘들었지만 그분의 은혜를 생각하면 이 정도의 고생은 당연하고 즐거운 일이라고 생각하며 정성껏 끓였다. 오후에 저녁 식사하기엔 좀 이른 시각일 때 한 냄비를 갖다 드리니 무척 좋아하셨다. 흐뭇했다. 루시아 형님을 졸라 뉴욕에 따라가서 1박 2일 동안 경험한 일들을 돌이켜 생각해보니 한여름 밤의 꿈만 같다.

뉴헤이븐 역에서 기차가 출발하여 스탬포드 역에서 완행으로 갈아타고 호담역에서 내리니 곧바로 형님이 사신다는 가톨릭 미션스쿨인 호담대학교의 후문이었다.

교문을 들어서자 깔끔한 제복을 입은 흑인 여자 경비원에게 형님이 패스포드를 보이니 통과되었다. 교정에는 아름다운 가로수 길과 넓은 잔디 운동장, 예쁜 꽃들이 핀 정원, 그 사이사이로 보이는 멋진 도서관 건물, 소강당과 대강당, 돌로 지은 작은 성당과 중간 규모의 성당 그리고 대성당, 예수 성심상과 성모상, 여러 석상들이 정원 안의 요소마다 아름답게 서 있고 신부님들의 묘지도 있었다.

루시아 형님의 뒤를 따라 가며 아름다운 자연환경들과 처처에서 기도하는 형님의 모습을 사진기에 담았다.

미국의 신부님들은 대부분 이 호담대학교에서 공부를 하셨고, 각국에서 오시는 신부님들도 이 학교에서 공부하여 석사, 박사가 되신단다. 그리고 이 대학교에선 유명한 법률가들을 많이 배출했다고 형님이 설명해 주셨다. 맨 먼저 돌로 지은 성당 안으로 들어갔다. 성체 앞에 큰절을 올린 후 하느님께서 인도해주심에 감사기도를 드리고 나서 성당의 내부를 천천히 살펴보았다.

특별히 화려한 장식은 없으나 간결하고 검소한 아름다움이 있고 주님의 기운이 온몸을 감싸주는 경건함을 느꼈다.

1800년대에 이 대학이 세워질 때 지은 이 성당은 이백 년이 넘는 오랜 세월을 지났으나 여선히 아름답고 천반 년이 시나노 이 모습 그내로 일 것 같았다. 루시아 형님은 집에 계실 때는 이 성당에서 주로 미사참례를 하신단다. 아파트를 향해 걸어가는데 시간이 꽤 오래 걸렸으나 조금도 지루한 줄 모를 만큼 캠퍼스 내의 자연환경은 공원처럼 아름다웠다. 드디어 아파트에 도착했을 때 주위를 둘러보니 큰 길을 사이에 두고 뉴욕식물원이 보였다.

형님이 사시는 이 아파트는 가톨릭 미션스쿨인 호담대학교가 장애인들을 위해 사회사업 차원에서 캠퍼스 안에 지은 것인데, 지금은 뉴욕시에서 관리하는 '시니어 임대 아파트'로 전환되어 육십오 세 이상의 노인들이 백 세대 정도 거주할 수 있는 규모라고 한다. 집세도 시중의 십분의 일 정도만 내고 청소를 비롯하여 모든 관리를 아주 잘해주고 위급상황일 땐 화장실에서 단추 하나만 누르면 앰뷸런스가 즉각 달려온단다.

그래서 이 아파트에 입주하려면 경쟁이 매우 심하여 형님도 오랫동안 기다려서 들어오셨다고 한다. 이곳에 계신 한국인 노인들이 삼십 세대쯤 되어서 영어를 못하는 노인들도 친구들이 많아 노후의 외로움에 대한 염려는 없다고 한다. 그리고 생일이나 크리스마스 등의 명절이 돌아오면 각 세대마다 결연을 맺은 호담대학교 학생들이 카드나 선물을 들고 방문해준단다.

현관에 들어서니 안내판에 한글로 쓴 안내문도 있어서 과연 한국인 입주민들이 많음을 쉽게 알 수 있었다.

루시아 형님은 이 아파트를 '뉴욕에 있는 나의 별장'이라고 부르신다. 평소엔 코네티컷주의 노스 헤이븐에 있는 따님 댁에서 초등학교에 다니는 어린 손녀들을 돌봐주시다가 매월 마지막 주엔 세금도 내고 병원에서 진료도 받기 위해 이 별장에 와서 지내신단다. 별장 안에 들어가 보니 십자고상 아래 성모상과 성서테이프 진열함, 오밀조밀 예쁜 꽃들과 인형, 소품들이 보기 좋게 배치되어 있었다. 전통가구와 편리한 의자들이 적재적소에 정결하게 자리잡고 있어서 첫눈에 보아도 이 집 주인의 소녀다운 성품을 알 수 있었다.

저녁식사 후엔 형님께서 오랜 세월 쓰신 일기장도 읽어 보며 형님이 미국에 와서 어떻게 사셨는지 파노라마처럼 그려 보기도 했다. 그리고 미국에 살고는 있지만, 한국말밖에 모르는 형님이 즐겨 보는 한국 비디오 테이프 중에서 「궁」을 골라서 보았다. 한국에서 방영할 때는 띄엄띄엄 보다 말다 했는데, 이곳에 와서 제대로 본 것이다.

다음 날은 형님을 따라서 한국인 의사가 개업한 조그만 내과 병원에 갔는데 김 선생님이라고 소개하셨다. 닥터 김은 형님이 영양주사 맞으실 때 나도 무료로 놓아주셨다.

한국에서 온 손님이라 특별 배려를 해 주신 거란다. 형님은 약국과 이 병원을 매월 말쯤에 다니며 건강 체크를 하시는데 모든 게 무료란다. 젊어서 직장 생활할 때 세금을 많이 내면 노인이 되어서 그런 혜택을 볼 수 있단다. 오랜 세월 다니는 단골손님이라 서로 반가워하며 친절하였다.

한국인이 경영하는 미장원에도 따라가 보았다. 밖에서 볼 땐 붉은 벽돌색 아주 높은 빌딩이었지만, 안으로 들어가서 보니 자그만 미용실이었다.

그곳엔 주로 한국인 손님들이 오신다는데, 한국의 보통 미용실과 다른 점이 없었다. 형님이 파마를 하시는 동안 한국에서 발행하는 『주부생활』 책을 읽으며 손님들끼리 나누는 대화도 들으며, 쑥개떡도 얻어먹었다. 항상 맛있는 별미를 준비해서 손님들에게 대접한단다.

이곳에 와서 수고한 보람으로 자녀들도 명문대학에 진학하고 돈도 많이 벌으셨나 보다.

미용실은 김치는 어느 집이 맛있고, 한식 요리는 어느 집이 잘하며, 어느 곳에 가면 어떤 물건을 싸게 잘 살 수 있더라는 등 한국 손님들끼리 생활 속에서 필요한 정보 교환도 잘 할 수 있는 곳이란다.

오늘은 뉴욕에 와서 터 잡아 살고 있는 교포들을 다양하게 만나본 날이다. 모두가 만리 타국에 와서 사는 처지라 한국인들끼리 서로 찾고 의지하며 끈끈한 동포애를 나누는 모습들이었다.

자유의 여신상이나 나이아가라 폭포 같은 유명한 관광지는 마음만 먹으면 볼 수 있지만, 이 나라에서 살고 있는 동포들의 생활상이 궁금했는데, 오늘은 두루 엿볼 수 있어서 보람있었다.

루시아 형님께 다시 한 번 감사의 마음을 가졌다. 미국에 있는 동안 루시아 형님께 더욱 잘해드려야겠다.

소풍날

어제 오후 내내 구름 낀 하늘을 보며 소풍가는 날 비 올까 봐 마음을 졸였는데, 오늘 새벽 세 시쯤 눈이 떠져 하늘을 바라보니 상현달이 뜨고 별이 초롱초롱해서 안심이 되었다.

제발 날씨가 좋아서 성지순례에 꼭 다녀올 수 있기를 기도드린 간절한 나의 염원이 이루어진 것이다. 이안나 교수님 남편께서 운전하시는 차를 타고 가는 동안 내내 마음이 기쁘고 설렜다. 목적지는 리치필드에 있는 성지라고 한다.

한 시간쯤 후에 성지에 도착했다.

미국은 어디에 가든지 푸른 숲이지만 이곳은 더욱 아름답게 숲이 우거지고 한적한 시골이었다. 미사가 이제 막 끝났는지 사람들이 내려오고 있었다. 반장님과 먼저 오신 일행들이 반갑게 맞아주시며 점심식사를 하러 가자는데 우리는 우선 성지로 올라갔다.

한곳도 빠뜨리지 않으려는 듯 좌우로 살피며 올라가는 길 중앙에 맨 먼저 팔을 벌리신 예수님 고상이 우리를 맞이하였다.

조금 더 올라가니 아름다운 아치문의 양옆에 성모님과 요셉 성인이 서 계시고 그곳을 통과해서 좀 더 올라가니 숲으로 둘러싸인 널찍한 야외 성당과 돌로 만든 동굴이 나타났다.

미사가 끝난 직후라 신부님과 수녀님 그리고 신자들이 서로 인사를 나누고 담소하는 풍경이었다. 성모님께서 발현하신 프랑스의 루르드 성지와 똑같은 모습으로 조성된 성지라는 말을 이미 들었기에, 마치 루르드에 온 것처럼 꼼꼼히 살펴보니, 돌로 지은 동굴 안에 제대가 있고 제대 주변 둘레엔 봉헌된 촛불들이 수많은 이들의 기원을 담고 조용히 타오르고 있었다.

이 교수님 내외분과 나도 촛불을 봉헌하며 '오늘 이 성지에 올 수 있도록 인도해주신 주님께 감사' 기도를 드렸다. 동굴 앞 왼편 전면에 멕시코의 과달루페 성모님께서 서 계셨는데, 처음엔 파티마나 루르드에서 발현하신 성모님 모습과 달리 검은머리 갈색 피부라 이상했는데, 멕시코 현지에 순례를 다녀오신 루시아 자매님의 설명을 듣고 이해가 되었다. 제대를 향해 무릎을 꿇고 기도하는 모습의 수녀님 상은 옛날에 내가 덕진 성당에 다닐 때, 성모 동굴 앞에 계시던 수녀님 상의 모습과 똑같아서 신기했다. 이 세상 어디에 가든지 성모님은 낯선 모습이 아니고, 늘 눈에 익은 어머니의 정다운 그 모습임을 깨달았다. 제대 앞의 꽃, 성수, 봉헌함 등 미사 전례에 필요한 기물들이 아름다운 자연과 어울리게 배치되어 있고, 아무리 많은 순례객들이 찾아와도 자리가 넉넉

할 만큼 수많은 의자들이 놓여 있는 널찍한 야외 성당의 모습도 낯설지 않고 시원스럽게 보였다.

기도하는 분들에게 방해되지 않도록 조용히 대강 둘러본 후 동굴 앞에서 기념사진을 한 장 찍은 후 이 교수님 내외분과 함께 점심식사하는 장소로 내려왔다.

널찍한 숲 그늘에 마련된 야외 식탁에 둘러앉아 한창 식사 중인 우리 일행들은 이십여 명쯤 되어 보였다.

"배고픈데 어서들 오세요."

하시며 밥과 김치찌개를 떠 주셨다. 우리도 준비해온 음식과 과일들을 내놓은 후 접시에 여러 집에서 해온 김밥과 음식들을 골고루 한 개씩 담아서 맨 끝 자리에 앉았다. 역시 돼지고기 김치찌개가 별미였다.

저 건너편에서도 다른 일행들과 수녀님들이 식사를 하고 계셨다. 이야기를 나누며 맛있게 식사를 하는데 식탁에는 새들의 똥이 여기저기 말라붙어 있었지만 별로 더럽게 생각되지 않았다.

야외에서 함께 식사를 나누며 격의 없이 담소하니 처음 만난 교우도 친근하게 느껴졌다. 맛있는 음식 못지않게 정을 맛있게 나누는 귀한 자리이니 오늘의 이 은총이 얼마나 아름답고 소중한가. 주변의 자연경관이 너무 완벽하게 아름다운 걸로 보아 이 성지에 투자를 아주 많이 한 것 같다고 이구동성으로 말했다.

병풍처럼 둘러쳐진 숲과 스키장처럼 경사진 널따란 능선이 푸른 잔디 옷을 입고 우리의 눈을 즐겁게 해주었다. 그리고 그 곁에는 돌로 지은, 수도원 같은 아름다운 건물 한 채가 있었다. 이곳은 나의 눈에만 아름답게 보이는 게 아니고 미국에 이민 와서 이십여 년 살았다는 교우들의 눈에도, 그리고 예일법대 교수님이고 신선주 자매님의 남편이신 미국인의 눈으로 보아도 탄탄하게 투자한 부자들의 동네로 보인다고 했다.

이들의 말을 들어보니 지역의 이름이 '리치 필드' 이듯이, 미국 역시 부자들은 뉴욕 같은 번화한 도시를 피하여 시골에 와서 사는가 보다. 이 성지를 여러 차례 방문하신 반장님 말씀으론 이곳의 가을 경치는 기막히게 아름답다고 하셨다.

모두들 가을 소풍으로 다시 한 번 또 오자고 하는데, 나그네 신세인 내가 또다시 올 수 있을까? 아침에 나를 데려와 주신 이 교수님 내외분께선 오늘이 외동아들의 생일이라 집에서 지금 한창 놀고 있을 거라며, 두 시 반까지 귀가하기로 아들과 약속했다고 서둘러 돌아가셨다.

자상하신 성품이라 나의 귀가 차편을 다른 교우님께 부탁하는 것도 잊지 않으셨다. 점심식사가 끝난 후 일행들과 함께 성물 판매소에 들러 구경을 하며 손자들에게 줄 선물을 몇 점 샀다.

서둘러 성지를 향해 다시 올라가며 이곳저곳 사진을 찍었다. 함께 오지 못한 우리 사비나에게 보여주려면 남는 것은 사진밖엔 없을 것 같아서 열심히 찍었다.

일행들이 함께 모여 묵주기도를 하고 십자가의 길 묵상을 하는데, 이곳 십자성로는 특이하고 아름다웠다.

울창한 숲길의 요소마다 회색빛 환조로 조성한 동상들이 있었다. 십사처를 따라 기도하며 우리 치명자산 십자성로가 머리에 떠오르곤 했다.

기도가 끝나니 처음에 출발했던 야외 성당으로 돌아와졌다.

성모님께선 낯선 미국에 와서도 내가 외롭지 않도록 우리 반장님이나

이 교수님 같은 교우들을 알게 해주시니 주님만을 믿고 의지하면 두려울 게 없다는 생각이 들었다. 내가 처음으로 이곳에 온 때는 삼월 하순이고 사순절이 막바지에 이를 때였다.

'부활절이나 끝나고 가면 좋으련만. 미국에 가면 성당도 멀다는데 성삼일 전례에도 참석할 수 없겠지.'

하며 걱정을 하다가 인터넷에서 평화방송으로 들어가 미사 시간을 체크해 놓고 '무슨 일이 있어도 TV로라도 꼭 성삼일을 지켜야겠다.' 고 단단히 마음먹었다. 그런데 이게 웬 일인가.

"성삼일 전례에 참석하시려면 같이 가시지요."

전화를 해주신 것이다.

간절한 마음으로 기도하고 원하면 반드시 들어주시는 좋으신 하느님을 다시 한 번 체험하는 기쁨이었다.

오늘 엄마가 모처럼 소풍간다고 과일과 맥주를 준비해준 내 딸 사비나의 정성이 갸륵하고 고마웠고, 그 많은 인원이 먹을 돼지고기 김치찌개와 음식을 준비해 오신 우리 권 젬마 구역 반장님과 여러 교우님들 또한 참으로 고맙다.

오늘의 소풍은 두고두고 잊지 못할 아름다운 추억이 되리라.

여자의 허영심

오늘은 롯데 백화점에서 니트 옷을 샀다. 그동안은 비싸서 눈요기만 하고 감히 살 엄두를 내지 못할 만큼 비싼 옷들이다. 며칠 전에 TV에서 유명 메이커 남성 정장을 거품 빼고 판매하기로 했다는 말을 들었다. 그래서인지 여성 의류도 요즘은 예전의 반값으로 세일을 했다. 하지만 아직도 너무 비싼 옷이다.

꼭 하나만 사려고 했는데 이것도 사고 싶고 저것도 사고 싶어져 결국은 넉 점이나 샀다. 한 개도 못 사던 옷을 네 개나 사다니 간이 부었나 보다. 카드를 긁을 때는 공짜 같지만 앞으로 삼 개월 동안 값을 치러야 하는 일이다.

여자의 허영심에는 약도 없는 것 같다.

지난가을에 있었던 일이다. 그날은 미국의 서부 쪽 관광을 위해 집을 나섰는데 맨 먼저 뉴욕의 일일 관광부터 시작하기로 했다.

10월 1일인 그날은 해마다 뉴욕의 한인들이 모여서 축제를 벌이는 날이란다. 맨해튼 한인 거리의 우리은행 앞에서 관광차를 기다려야 하는데 시간이 좀 일러서 여기저기 구경을 하기로 마음을 먹었다.

축제일이라 도로의 양편에는 천막을 치고 코너마다 순창고추장이니 강원도 더덕, 금산의 인삼 등등 한국에서 들어온 각 지방의 갖가지 명산물들이 진열되어 마치 한국의 일일 장터 같았다.

그 중엔 옷을 파는 코너도 있었는데 가지각색의 가죽이나 모피, 니트 종류들이었다. 여자라 옷에 관심이 있어서 진열된 상품들 중에 평소에 입고 싶던 예쁜 색깔의 가죽옷과 니트 옷에 눈길이 쏠렸다. 가격을 물어보니 한국에서 보다 절반은 싼 것 같았다.

그래서 정장 니트를 이것저것 구경하고 있는데 남편이 오더니,

"차가 왔는데 여기서 무얼 하고 있어?"

라며 호통을 쳐서 깜짝 놀라 차를 타러 갔다. 오전 내내 뉴욕 시내 관광을 하고 점심식사를 한인 거리에 있는 한식집에서 한 후에 한 시간 정도의 자유 시간이 있었다. 대부분의 사람들은 거리 구경과 한국에서 왔다는 고적대 퍼레이드를 보러 갔는데, 나는 아침에 구경했던 옷가게로 가서 검정색 니트를 한 벌 샀다. 평소에 관심이 있던 옷이라 한국에서 보다는 훨씬 싼데 안 사면 후회될 것 같았기 때문이다.

오후 관광 일정은 바로 곁에 있는 앰파이어스테이트 빌딩부터 시작되었다. 105층이나 되는 빌딩을 구경하는 동안 옷가방을 들고 다녀야 했으니 별로 무겁진 않으나 참으로 부담스런 일이었다.

'내가 미쳤지, 이게 무슨 짓이람.'

남편이 들어준다고 해도 괜찮다면서 관광차에 오를 때까지 들고 다니느라 애를 먹었다.

젊은 시절엔 옷 한 벌 맞추려면 큰 맘 먹어야 했다. 직장 여성들은 매일 나다니려면 옷이 더 필요했다. 예쁜 옷을 입은 동료가 부러웠고 성당에 가면 한복을 예쁘게 차려입고 성가를 부르는 자매들이 부러웠다. 두 눈을 질끈 감고 마음으로만 새겨두었던 일들이다. 자녀들이 장성하여 결혼할 때마다 예쁜 한복이 한 벌씩 늘어가고 자식들이 모두 출가하고 나니 불가피하게 돈을 써야 될 용처도 없어졌다.

남편의 회갑 때 자식들이 옷 한 벌 값을 주어서 평소에 좋아 보이던 밍크 숄을 장만했다. 아들이 장가갈 때 사돈댁에서 보낸 예단 값에서 재빨리 밍크코트 살 돈을 덜어낸 후에 나머지 돈만 남편에게 내놓았다. 지금의 내 옷장 안에는 젊었을 때 입고 싶었던 옷들이 그득하다. 이것저것 입고 싶던 옷들이 많아지니 부자가 된 것 같다.

정년퇴직을 하고 나니 성당에 갈 때나 친구들 만나러 가는 날 외에는 옷을 차려입고 나갈 곳도 없어졌다. 성당에 다니는 자매님들이 날 보고 멋쟁이라고 한다. 그런 말을 들을 때마다 기분이 나쁘진 않으나 부끄러운 생각도 든다.

'성스러운 주님의 집에 드나들 때는 검소하고 수수한 모습이어야 하는데, 속은 비어있으면서 겉만 꾸미는 경박한 여인 같으니라구…….'

마음은 편치 않으나 기분이 우울할 때 예쁜 옷을 입고 나서면 기분이 훨씬 가벼워지고 상승되는 것 같으니 이를 어쩌나!

매월 만나는 사범학교 동창들에게,

"애들아, 이 옷 어때? 요즘은 옷값이 많이 내려서 샀는데 너희들도 식사 후에 구경 가자!"

"○○야, 참 예쁘고 멋있다. 잘 샀구나."

말은 그렇게 하면서도 식사 후에 백화점에 가겠다는 친구는 없었다. 형편은 나나 그들이나 매일반인데, 사려고 들면 충분히 살 수 있는 그들인데, 결국은 나만 허영에 들뜬 것일까?

나는 가끔 옷장을 열어보며,

'과연 이 옷들을 내가 얼마나 입다가 죽을 것인가'

이 세상에 살면서 프란치스코 성인과 마더데레사처럼 훌륭한 삶은 못 살았어도, 이젠 정말로 옷 욕심을 부리지 말고, 내면을 충실히 하며 하느님 보시기에 부끄럽지 않은 사람이 되려고 노력해야겠다.

이 세상 살다가 죽을 땐 빈손으로 가는데, 흙으로 돌아갈 육신인데, 허영에 들떠서 살다가 내 영혼이 구원받지 못할까 봐 두렵다.

'주님, 이 죄인을 불쌍히 여기소서.'

2부 예술의 혼

색채의 마술사 '샤갈'

큰댁 장조카님의 딸이 서울에서 결혼식을 한단다.

요즘처럼 핵가족 시대에 집안 친척들을 두루 만날 수 있는 기회는 좀처럼 없다. 이번엔 종가 장손 댁의 개혼이니 사촌 형제자매들은 물론이요, 멀고 가까운 일가친척들을 많이 뵙게 될 좋은 기회라 여겨졌다. 예측대로 사방에서 모여든 친척들의 모습이 다른 혼인 때보다는 많아서 반가웠다.

오랜만에 만나는 분들의 얼굴에서 세월의 흔적을 느끼며, 항상 나를 예뻐해 주시던 사촌 오라버님을 뵙고 마음이 뭉클했다. 피로연이 끝난 후 남동생과 함께 서울 시립미술관으로 향했다. 덕수궁 앞 광장에선 때마침 근위병 교대식 시각이 가까워져서 순식간에 구경꾼들이 빙 둘러 가득 찼다.

그동안 여러 차례 이곳엘 다녀갔지만 이런 구경은 처음이다. 복장도 옛 조선시대 무관들의 모습을 그대로 재현하여 장관이었다. 구경하는 동안 영국 버킹엄 궁 교대식 풍경과 비교해졌다. 서울에 새로운 볼거리가 생긴 것이다.

'샤갈' 의 작품 전시회가 3월 하순경에 끝난다는 것을 일찍이 알고 있었기에 한번 가보리라 마음은 먹고 있었으나, 지방에 사는 사람이라 여의치 못할까 봐 염려되었는데 오늘 동행해 준 동생에게 감사한 마음이었다. 전시장에 입장할 때 언제나 그랬듯이 기대감으로 가슴이 두근거렸다.

'마르크 샤갈' 은 러시아 태생의 유대인으로 '색채의 시인, 꿈과 환상의 작가' 라는 찬사와 함께 우리에게 친근한 화가로 알려져 있다. 샤갈의 작품세계를 구성하는, 모든 주제를 관통하는 대표적인 모티브는 바로 사랑에 빠진 연인과 부부들이다.

인간 샤갈의 삶은 부부라는 사랑으로 결속된 합심체에서 일종의 피난처를 찾았다고 할 수 있다. 1915년에 결혼한 아내 '벨라' 와 두 사람 사이에서 태어난 딸 '이다' 로 구성된 샤갈의 가족은 1차 세계대전과 러시아 혁명기, 베를린 망명과 프랑스 정착, 그리고 2차 세계대전과 미국 망명이라는 20세기 전반기의 혹독한 시대 상황을 헤쳐나가는 데 든든한 버팀목이었다.

그의 가족은 시대의 어려움을 이겨내고 외부로부터 스스로를 지켜내는 데 그 누구보다도 강하게 뭉쳤고 그들만의 견고한 세계 속에 만들어진 가족이었다. 연인이자 아내인 가족에 대한 사랑은 그의 삶의 신념과 같은 것이었으며, 그는 그러한 신념을 그림 속에 고스란히 옮겨 놓았다.

그는 두 차례의 세계대전, 러시아 혁명, 유대인 학살 등과 같은 정치 사회의 격변기 속에서도 자신의 뿌리와 정체성을 잃지 않고, 시대사조와 흐름을 뛰어넘어 자신만의 독창적인 표현양식을 만들어냈다.

화려한 색채의 조합을 통해 대중들에게 사랑의 메시지를 전달하고자 했던 샤갈의 작품 속에 등장하는 모티브는 그가 사랑하는 아내와 가족과 유대민족에 대한 이야기들이며 그가 살던 고향 마을과 도시와 그가 여행한 도시들의 얼굴과 역사였다. 샤갈은 스스로 느끼고 경험한 인간사의 다양한 모습과 시대상을 마치 자신의 그림일기를 써내려가듯이 그려냄으로써 화가로서의 위대한 사명을 다했기에 더욱 독보적인 화가로 여겨지는 것이다. 샤갈의 작품 속에 지속적으로 등장하는 연인 또는 부부의 모습은 자화상이라 볼 수 있다.

결혼 후 그려졌던 「창 밖으로 보이는 자올시 풍경」, 「도시 위에서」, 「산책」 등은 샤갈과 부인이 모델이 되어 '도시 위를 날아가는 신혼부부의 기쁨과 행복한 모습' 을 표현한 작품들이다. 그가 그렸던 수많은 연인의 초상화들도 자신과 아내, 가족과 관련된 작품들이란다.

샤갈에게 있어서 연인, 부부, 가족은 가장 중요한 영감의 원천이었고, 그의 작품 세계의 주제였다. 평생에 걸쳐 꾸준히 이 주제를 다루어 말년의 작품에서도 행복이나 삶의 즐거움을 그린 장면들 속에 자연스럽게 삽입되어 있다.

그는 거의 70년 가까이 부부와 가족의 행복, 사랑을 다양한 형태로, 늘 행복한 이미지로 그려냈다.

서커스라는 테마는 샤갈 작품에서 환상의 재현이며 주된 주제의 하나였다. 인상 깊게 만났던 「서커스」, 「곡예사」, 「파란 서커스」, 「하얀 곡마

사와 광대」 등의 작품을 보면 정해진 틀이나 양식을 뛰어넘어 자신만의 독창적인 창작 세계를 구사하는 샤갈의 모습과 일맥상통하는 점이 엿보인다.

규율과 법칙에 얽매이지 않는 곡예사들의 모습은 샤갈로 하여금 하늘을 날고 하늘과 땅 사이를 부유하는 인물들을 작품 속에 표현할 수 있도록 창작적 영감을 제공해준 원동력이 되었다. 또한 서커스는 등장인물들의 화려한 의상과 현란한 장식으로 표현적 과장성이 강한 만큼 다양한 색채 사용과 묘사가 요구되기 때문에 작가로 하여금 색의 조합에 눈을 뜨게 하여 색채화가로서의 길을 여는 데 중요한 역할을 했다고 볼 수 있다.

보통 사람들이면서도 세상의 한모퉁이에서 독특한 삶을 살아가는 사람들이 서커스의 등장인물들이라면, 샤갈의 작품세계 또한 동시대에 팽배했던 추상미술에 대한 거부를 분명히 하면서도, 예술은 이해하기 쉬운 내용으로 구성되어야 한다는 신념으로 복잡한 논리나 이론적인 무장이 없이 마치 동화를 읽어가듯 화면이 서술적인 양식을 취하고 있다.

지붕 위에서 부둥켜안고 있는 연인들의 이야기를 하고 있으며, 서글픈 곡예사와 즐겁거나 슬픈 광대들의 이야기를 하고 있으므로 모든 이들에게 시각적이고 즉각적인 교감을 일으킨다.

샤갈은 서커스 속에서 회화 예술의 대중적인 요소들을 찾았다.

1920년 모스크바 「유대인 예술극장 장식화」를 시작으로 샤갈은 계속해서 광대, 곡예사, 악사, 서커스 배우 등을 대상으로 연작을 그렸고, 생의 마지막 날까지 끊임없이 제작하였다. 훗날 샤갈은 서커스인들에 대한 깊은 애정을 다음과 같이 표현하였다.

'나는 광대나 곡예사 그리고 배우들을 마치 고대 몇몇 종교화에 등장하는 인물들과 흡사한 비극적인 존재들로 여겼다. 그리고 지금까지도 내가 예수의 수난도나 또 다른 성서작품들을 그릴 때 내가 서커스 인물들을 그릴 때와 비슷한 감정을 느끼곤 한다.

물론 이 둘을 억지로 연결시키려는 것은 아니며, 두 개가 완전히 다른 사조의 작품들임에도 불구하고 내가 왜 이러한 정서적 조형적 유사성을 느끼는지 설명하기란 매우 어렵다.'

미술 사가들은 샤갈의 작품을 이해하는 가장 중요한 시기로 1887년에서 1922년에 이르는 러시아 시기를 샤갈예술의 출발이자 예술철학의 근본이 다져진 시기일 뿐만 아니라 샤갈예술의 최고의 걸작들이 탄생한 시기라고 본다.

그 이유는 「나와 마을」, 「도시 위에서」, 「산책」, 「유대인 예술극장 장식화」 등, 대중들에게 널리 알려진 대표적인 작품들이 비테프스크, 상트페테르브르크, 모스크바와 같은 그의 고향 마을과 유대민족과 러시아를 배경으로 탄생한 작품들이기 때문이다.

그의 대표작품 중에서 「나와 마을」의 안에는 러시아 마을과 농부들, 어깨에 낫을 멘 남자, 소젖을 짜고 있는 여인, 그리고 동물들의 삶을 동경하는 마음으로 매우 희망적인 모습으로 표현했다.

제정 러시아에서 유대인의 세계는 농촌의 반대쪽에 존재하며 두 그룹은 서로 완전히 달랐다. 유대인들은 자신들만의 고립된 공동체 안에서 살았고, 유대인 사회는 상인, 수공업자, 사무원들로 구성되어 있었다. 종교와 전통이 달랐고 서로 간의 교류가 거의 없는 양 극단에 위치하고 있었다.

당시 샤갈이 속했던 유대인 사회는 지친 노인처럼 무너져가는 중이었기에 샤갈은 호기심과 호감이 가득한 외부인의 시선으로 농촌을 바라보며 생명력이 넘치는 농촌의 삶에 동경하는 마음을 담은 그림을 그렸고, 그래서 이 작품을 사람들은 그의 대표작 중의 하나로 꼽는 것이다.

성서는 샤갈의 작품 세계에서 마르지 않는 샘물처럼 창작적 영감을 불어넣어주는 원천이었고 대표적인 주제였다. 「다윗 성채」, 「노아와 무지개」 등의 작품에서 다윗을 왕이기보다는 하프를 키며 노래하는 음악가로서 표현하였고, 무지개의 양끝을 평화와 전쟁을 상징하는 장면들로 대조를 이루게 표현한 것은 20세기 이후 유대 민족에게 닥친 불행한 사건들과 1941년 자신의 미국 망명을 환기시키고 있는 듯하다.

샤갈은 성서 주제들 가운데 '회개한 탕자' 이야기를 대형 작품으로 제작하였다. 이 작품의 초점은 아버지와 아들의 감격적인 재회 모습이 작품의 중앙을 차지하게 하였고, 다른 작품들에서도 종종 그랬듯이, 창문이 세 개 있는 자신의 아버지 집을 러시아 마을 배경 속으로 옮겨 놓고서 눈에 잘 띄는 앞부분에 배치함으로써 탕자라는 주제를 재해석하였다.

상단에는 커다란 태양이 빛을 비추고 있으므로 전체적인 분위기가 매우 밝고, 우측 하단에는 이 작품을 그린 샤갈 자신의 모습을 마치 서명처럼 그려 넣었다.

샤갈은 1922년 파리에 정착한다. 이곳에서 그의 작품이 성공을 거두고 경제적으로 안정이 생기면서 샤갈은 끊임없이 여행을 하였고, 특히 프랑스 남부의 시골 마을들 중 여러 곳에서 길게 체류하면서 구석구석을 탐험하였다.

프랑스에 정착한 후부터 샤갈의 작품 분위기는 좀 더 부드러워졌고 야생적인 요소들이 사라져서 그림의 전체적인 분위기가 한결 차분해졌다.

이 시기는 작품의 스타일에 변화를 가져왔으며, 그의 작품세계에 새로운 국면을 맞게 했다. 그러나 꽃, 사랑에 빠진 연인, 동물, 고요한 풍경들은 여전히 주된 주제로 사용되면서도 과거보다는 축소되거나 과장하여 재사용하였다. 수많은 미술 직품 평론가들과 전시 기획자들은 이 시점을 전후로 샤갈의 작품 세계를 둘로 나눈다. 즉, 러시아 시기와 프랑스 시기이다.

샤갈은 생애를 통해 수많은 고전들을 삽화로 그려냈다. 1930년대에 출판된 삽화집 『라퐁텐 우화』에는 '꼬리 잘린 여우, 공작의 깃털로 치장한 여치, 두 비둘기' 등, 동물들만 등장하는데, 샤갈은 동물을 그리는 것을 좋아했다. 이 작품집을 시작으로 평생에 걸쳐서 수많은 동물 연작들을 제작함으로써 동물들이 철학에 던지는 심오한 질문들을 유쾌한 방법으로 다룬 인물이었다.

1948년 미국의 출판사로부터 「아라비안 나이트」의 이야기들 중에서 네 편을 골라서 석판화 연작으로 삽화집을 출판하자는 제의를 받았는데, 이 석판화집이 성공을 거둔 것은 자신이 추구하는 작품세계와 공통점을 찾아내어 색채 마술사로서의 면모를 유감없이 발휘할 수 있는 아름다운 작품을 만들었기 때문이었다.

이 밖에도 1956년에 프랑스의 전통있는 예술 잡지 『베르브』에 '천사, 아브라함과 사라, 다윗과 밧세바' 등의 성서 이야기들을 다색 석판화로 제작하여 출판하였고, 1961년에는 그리스 출신 테라이드의 초대로 그리스 시인 '롱고스'가 지은 염소치기 '다프니스'와 양치기 '클로에'의 사랑 이야기 석판화 삽화집을 출간하였다.

정치적 사회적인 격동기에 갖가지 고난의 시대를 살아온 마르크 샤갈이 전 생애 동안 한결같은 모습으로 살아갈 수 있도록 이끌어준 작업의 힘은 사랑이었다.

사랑을 통해 그는 작가로서의 삶을 이루어냈으며, 사랑의 힘을 통해 삶의 희망을 그려 왔다. 샤갈은 말한다.

"우리네 인생에서 삶과 예술에 진정한 의미를 주는 단 하나의 색깔은 바로 사랑의 색이다."라고.

사랑의 색깔은 전쟁의 포화 속에서도 나치의 위협 속에서도 끈끈한 결속력으로 삶의 원동력을 끌어낼 수 있는 강인한 힘의 원천임을 '샤갈의 전시회'를 통해 다시 한 번 깨닫게 되었다.

기회가 주어질 때마다 미술 작품을 감상하는 데서 삶의 여유를 찾아보려는 나의 작은 소망이 이루어진 뿌듯하고 즐거운 하루였다. 전시장을 나와서 사랑하는 내 가족들의 얼굴을 떠올리며 덕수궁 돌담길을 걸었다.

루브르박물관 전시회

시골 태생이라 복잡한 서울을 별로 좋아하지 않는 편이지만 유명한 문화예술 작품 전시회를 볼 수 있음은 부럽게 생각한다. 신문 광고란에서 '루브르 박물관 소장품 전시회' 가 열리고 있음을 알게 되었다.

2006년 겨울의 끝자락에 용산역에서 가까운 미군기지가 있던 자리에 신축된 아시아 최대의 '국립 중앙박물관' 을 찾았다. 개관 1주년 기념행사로 한 · 불 수교 120주년 기념 '루브르박물관 소장품 전시회' 가 열리고 있었다.

맑지만 차가운 날씨에 매표소 앞에 길게 줄을 선 무리 중에는 초등학생들도 보였다. 방학 중이라 가족과 함께 온 듯했다.

'어릴 때부터 좋은 작품들을 대할 수 있으니 좋겠구나!' 라는 생각이 들었다. 교과서나 미술 잡지에서 낯익은 걸작품들의 실물을 볼 수 있게 되어 기대감으로 가슴이 벅찼다.

이번 전시회에서는 16C~19C에 걸친 서양 회화 속의 풍경들을 '앵그르와 들라크루아, 부세, 터너' 등 서양 미술사에서 중요한 위치를 차지하고 있는 작가들의 역작으로 루브르박물관의 소장품 중에서 엄선한 70여 점을 만나게 된 것이다.

오늘의 이 기회는 분명히 행운이다. 전시회장에 입실하기 전에 미술사적으로 서양 풍경화를 감상하기 전에 알아둘 시대적 배경과 각 시대별로 추구하는 이상적인 표현기법, 작가들에 대한 오리엔테이션이 있어서 작품 이해에 많은 도움이 되었다.

'루브르' 는 궁과 박물관을 동시에 지칭하는 말이며 인류가 창조해낸 무수한 문화 공간 중에서 가장 많은 사람들이 찾는 명소이다. 프랑스 혁명 이후 왕실의 애장품들이 일반 대중에게 공개되었고, 루브르가 세계적인 명소로 발전하는 데 나폴레옹 1세의 공이 크다고 한다. 작품 중에서 어느 구석에라도 'N자가 새겨진 것' 들은 나폴레옹 시대에 그린 작품들이다.

「황제복을 입은 나폴레옹1세」 라는 주제를 가진 작품은 당시에 유럽의 강력하고 위대한 통치자로서의 공식적인 이미지를 널리 알리기 위해 만든 작품이다. 화가들에게 황제복을 입은 자신의 초상화를 그리도록 했는데, 이에 '앵그르, 다비드, 지로데, 제라르' 등의 당대 최고의 화가들이 다양한 방식으로 황제복을 입은 나폴레옹의 모습을 그렸다.

그 중에서 '프랑수아 제라르' 의 작품이 가장 그의 마음에 들어서 모사작품을 36점이나 만들었다.

베르사이유궁전이나 루브르궁은 물론이요, 국내의 주요 장소들과 심

지어 해외 주재 프랑스 공관에까지 두루 배포했기에 원 작품이 어느 것인지 사실은 의문점이 풀리지 않고 있단다. 어쩌면 루브르 박물관의 작품이 모사품일 수도…….

16C 이후부터 중세기 말까지는 대부분의 풍경화들이 화실 속에서 상상하여 그린 풍경화들이란 점에서 놀랐다. 고전주의 화가들이나 애호가들은 자연을 인간의 감정을 표현하기 위한 부수적인 수단으로만 여겼기 때문이다.

단순히 풍경은 인간을 돋보이게 하는 역할에 충실하면 된다는 주장인 것이다. 그 시대에 가장 이상적으로 인식되던 아름다운 건물, 나무, 풍경들을 밖에 나가지도 않고 자연을 접하지도 않은 채 화실 안에서 조합해서 그린 것이란 걸 알게 되니 실망스럽고, 작품에 대한 심미감이나 외경심이 훨씬 감하는 느낌이 들었다. 그러나 색채감이나 원근, 구도, 인물들에 대한 표현 기법이 매우 출중하여 경건한 심경으로 시종 감상했다.

이 시대의 걸작들 중에서 특히 나의 관심을 끌었던 작품들 몇 편에 대하여 생각해 보았다.

신화를 바탕으로 한 작품들 중에서 '프시케와 에로스' 를 주제로 하는 '프랑수아 제라르' 의 작품들이 몇 점 있었는데, 에로스는 실제로 존재하는 젊은 남성에게서 영감을 얻어 그려졌다.

그런데 프시케는 실제 모델이 존재했었는지에 대해 알려진 게 없다. 아름다운 여신의 백옥같이 투명하고 아름다운 진줏빛 피부, 조각같이 부드럽고 매력적인 여성의 길고 섬세한 코, 반듯한 타원형의 얼굴은 다른 여러 작품들에서도 공통적으로 표현된 점으로 보아 '신고전주의' 의 전형적이고 이상적인 인물 표현 기법이었나 보다. 이 작품을 보는 동안 에덴동산에서 살던 태초의 인간 아담과 이브의 모습이 떠올랐다.

성서 속의 인물을 바탕으로 한 작품들이 여러 점 있었는데, 그 중에서 「이삭을 제물로 바치는 아브라함」은 '안니발레 카라치' 의 작품인데, 세로로 긴 화면 속에 산 위에 버티고 선 커다란 나무는 화폭의 꼭대기까지 닿아 있다.

비틀어지거나 부러진 나무들은 비극적인 장면을 강조하는 듯하다. 아브라함은 순종을 목숨보다 더 중시했기에 늘그막에 낳은 아들 '이삭' 을 하느님의 말씀대로 제물로 바치기 위하여 높은 산 절벽으로 데리고 간다. 제단을 쌓고 아들을 희생 제물로 바치려는 순간 하늘에서 천사가 나타나 아브라함의 팔을 붙잡고 이삭 대신에 숫양을 가리키는 장면을 주제로 표현했다.

성서의 내용을 알고 있었기에 더욱 흥미가 있었다. 비극적인 장면과는 달리 풍경은 전원의 한가로운 풍경이 대비되는 작품이다.

'황금 시대' 라 불리는 시기의 작품들은 평화, 풍요, 고통 없는 오랜 삶이라는 세 가지 기본 조건을 명제로 하여 인간들이 추구하는 보편적인 가치를 표현하고 있었다. 그 시대의 걸작인 「목욕하고 나오는 다이아나」는 '프랑수아 부세' 의 작품인데, 신화를 주제로 한 '사냥의 여신 다이아나' 가 신성한 숲의 빈터에서 옷과 화살을 벗어 요정들에게 맡기고, 또 다른 요정은 신발을 벗겨주고 있는 은밀한 장면인데, 비너스처럼 아름답고 매혹적인 두 여신의 나체가 신고전주의의 진수를 보여주고 있는 듯하다.

19C 낭만주의에 들어서자 화가들은 문학적, 역사적, 종교적 묘사를

배제하고 지형학적으로 정확한 자연을 그리기 위해 자연과 인간을 동일시하였다. 풍경화의 야외작업이 자리를 굳혀가면서 하나의 독립적인 장르로 정착하게 되었다.

풍경화를 처음으로 밖에 나가서 그리기 시작한 화가는 풍경화의 아버지 '장 밥티스트 카미유 코로' 라고 한다. 그는 자연을 크게 보고 사람을 작게 표현했다. 코로의 역작 「티볼리의 빌라 데스테의 정원」은 그가 이탈리아에 세 번째 여행을 했을 때 제작한 그의 가장 유명한 작품이다.

이탈리아의 밀라노, 베네치아, 나폴리, 로마에는 풍부한 고대 문명과 찬란한 유적, 따사로운 햇살이 화가들의 넋을 잃게 하고 빠져들게 하였으며 이탈리아로 모여들게 했다.

이제 좋은 작품을 그리려면 영감을 얻기 위해 발로 뛰고 눈으로 확인하기 위하여 여행을 하는 귀족과 화가들이 많아졌다. 그들에게 폐허가 되긴 했지만, 여전히 위풍당당한 거대한 신전들, 콜로세움, 판테온처럼 인간의 한계를 뛰어넘은 웅장한 건축물들은 화가들이 소재로 삼기에 부족함이 없는 풍경들이었던 것이다.

그 중에서도 베네치아의 대표적인 화가 '미켈레 마리에스키' 는 「베네치아 대운하의 입구와 살루테 성당」을 그렸고, '프란체스코 구아르디' 는 '리도항을 향해 떠나는 부첸타우레 호, 성모승천일' 을 주제로 한 실제 풍경화를 그리기 시작했다.

'자크 쿠르투아' 는 탁월한 색감과 명암 대비 효과에 남다른 재능을 지녔던 작가로서, 생동감 넘치고 호방한 붓질로 19세기 전쟁화를 대표하는 그림을 여러 점 남겼다. 자연주의 작가 '장 프랑수아 밀레' 는 바르비종에 살면서 사계절의 감동을 몸소 체험하고 느끼며 그 감흥을 그림으로 표현했다.

사실적인 구도와 색채를 표현하기 위해 끊임없이 노력한 그는 일하고 있는 고독한 농부의 모습을 주제로 한 그림을 많이 남겼다. 수세기가 지나도 나아지지 않는 농부들의 고단한 삶, 계절과 기후의 변화에 따라 변하는 농촌의 일상생활을 즐겨 그린 그의 작품 중에서 「만종」, 「양치기 소녀」, 「장작 패는 사람」' 은 널리 알려진 작품이다.

전에 서부 유럽 여행 중 프랑스에 갔을 때 루브르 박물관에 들른 일이 있으나, 짧은 시간 동안 많은 걸 접하느라 잠깐씩 스쳐왔을 뿐인데, 오늘은 느긋한 마음으로 미술작품 감상에 대한 사전 오리엔테이션도 있었기에, 작품들을 대하는 나의 안목도 향상된 느낌이었다.

뿌듯한 하루를 허락하신 그분께 감사한 마음이다.

해가 지지 않는 나라

꿈에서나 그리던 유럽 여행길에 올랐다. 인천 영종도 국제공항에서 출국 수속을 마치고 13시 발 런던 '히드로공항' 행 대한항공 여객기를 탔다. 400여 명이 탈 수 있는 규모의 대형 비행기는 구름바다를 헤치고 상공으로 치솟아올라 서쪽으로 난다.

눈부시게 빛나는 태양 아래 펼쳐진 대설경, 끝없이 너른 푸른 바다를 배경으로 한 구름바다는 마치 남극이나 북극의 경치가 저렇지 않을까? 상상되는 정경이다. 눈 덮인 벌판에 썰매를 끌고 달리는 루돌프 사슴은 어디쯤에 있을까? 에스키모 어린이들의 웃음소리가 천지에 울려 퍼질 것 같은 저 구름바다가 좋아서 나는 한 마리 작은 새가 되어 창가에서 눈길을 돌리지 못한다. 눈 아래로 황해와 중국 북경 상공을 지나 몽고, 시베리아가 흐르고 여섯 시간쯤이나 지난 후엔 모스크바 부근을 지나

코펜하겐, 북해 그리고 대서양 가운데 떠 있는 섬나라 영국 상공인 것 같다. 고도를 낮추어 기체가 하강하니 바다가 보이기 시작하고 낮아질수록 섬나라 영국의 잘 정돈된 시가지와 도로망이 점점 뚜렷해진다.

기압의 변동으로 귀가 먹먹해지더니 드디어 히드로 공항에 착륙했는데 열두 시간 정도 걸린 것 같다. 오랜만에 비행기에서 내리게 되니 반가운 마음으로 짐을 챙겼다.

나는 겉보기에는 차분할 것 같아도 물건을 잘 잃어버리는 편이어서 불안한 마음으로 내가 앉았던 자리를 잘 훑어 보았다. 히드로 공항의 규모는 우리 인천 공항만 못했다.

우리 일행을 기다리던 가이드 최지영 양을 만나서 관광버스에 올라 8차선 도로를 달린다. 공항 주변에서부터 키 큰 마로니에 꽃들이 우리를 반긴다. 길 양편엔 아름드리 나무가 밀림처럼 꽉 찬 푸른 초원이 끝없이 넓게 펼쳐진다.

이곳 영국은 입산금지 법이 철저히 잘 지켜지고 국민들이 스스로 자연보호 기금을 내며 자연보호를 잘한다니 참으로 부러운 일이다. 차창 밖으로 보이는 집들은 대부분 2층으로 된 붉은 벽돌집들인데 삼각 지붕이고 양쪽에 대문이 있다. 지붕 위에는 둥근 굴뚝들이 있는데, 어느 집에는 두 개, 어느 집은 세 개 또는 네 개가 있는데, 굴뚝의 수는 그집의 방의 수효와 같단다. 방마다 페치카가 있다니 굴뚝이 필요하겠지. 벽난로에 장작불이 활활 타오르던 영화의 한장면이 떠올랐다.

영국의 고층 아파트(플랏)에는 정부가 보정 임대해 주는 저소득층 사람들이 살고 대부분은 단독 주택을 선호한단다.

집집마다 주택 뒤엔 정원이 있고 다세대 주택들도 저마다 정원을 각

각 가지고 있단다. 사람들은 지은 지 100년쯤 된 집에 살면서 주말에는 정원 손질을 하거나 집수리를 하면서 지낸단다.

평생 동안 집 고치는 날들을 모두 합하면 1년 정도는 될 만큼 말이다. 굴뚝이 많이 보이는 동네는 잘 사는 동네라고 한다.

끝없는 녹지대가 전개되고 마로니에 꽃은 여기저기 피어 있다. 영국 사람들이 우리나라에 와보면 고층 아파트들이 밀집되어 있으니 한국은 못사는 사람들이 참 많은 나라라고 생각할 것이다.

런던은 지역을 6존으로 나누는데 1존 구역은 다운타운과 센트럴 시티 관광지가 밀집되어 있고, 2존에는 웨스트민스터 사원과 버킹엄 궁전, 여왕의 살림집과 집무실 등이 있고 5존 지역에는 뮤지컬 공연 극장들이 많이 있는데 「캣츠」는 21년째 공연 중이고, 하나의 작품을 19년 또는 18년 동안 장기간 공연해도 일주일 전에 표를 예매해야 볼 수 있단다. 6존 지역은 금융지역으로 세계의 유명한 은행들이 모여 있고 국제 채권의 65%가 이곳에서 거래되며 매일의 금값이 여기서 결정지어진다고 한다.

이곳의 사람들은 버스나 열차로 30분이면 센트럴 런던에 도착할 수 있기 때문에 자가용 사용은 가능하면 안 한다고 한다. 가이드의 안내 말을 듣다 보니 우리가 유럽 여행 첫날의 여장을 풀을 '세인' 호텔에 도착했다.

한적한 시골 분위기의 이 호텔도 100년이나 되었는지 2층 건물인데 꼬집어 흠을 잡을 수는 없지만 아무튼 한국의 무궁화 세 개짜리만도 못한 것 같다. 그러나 런던에서는 좋은 호텔이라고 한다. 하기야 영국은 아니 유럽은 대부분 옛날 유물과 역사를 자랑하며 자존심 세울 것 다

세워도, 그리고 물가가 하늘같이 비싸도 관광객들이 밀려와서 달러를 조심조심 쏟아 놓고 가는 나라들이니까 할 말이 무에 있겠는가.

'해가 지지 않는다는 나라 대영제국이니까 모든 게 다 현대식으로 으리번쩍할 줄 알았는데…….'

저녁식사는 빵에 잼을 바르고 우유와 소시지, 햄, 과자와 주스를 마시면서 '엘리자베스 여왕'도 매일 이런 것들을 드시겠구나 생각했다. 그리고 나는 잡식성이어 아무 곳에서나 잘 적응할 수 있음에 감사했다. 안경을 찾아보니 없었다.

아뿔사! 비행기에서 내리기 전에 좌석 밑을 좀 더 잘 살펴볼 것을. 기내에서 책을 보다 잠이 들었을 때 무릎 아래로 흘러내린 것 같다. 안경을 잃어버려서 기분이 별로다.

정원이 많은 신사의 나라

런던의 시내 관광은 '하이드 파크' 를 둘러보는 일로부터 시작되었다. 런던의 크기는 서울의 1.2배쯤 된다는데 산이 없고 녹지대가 많으므로 잔디 위에서 하는 스포츠가 발달되었다고 한다.

그 대표적인 예가 '윔블던 테니스 대회' 인 것 같다. 런던의 하늘에는 전선이 전혀 보이지 않았다. 모두 지하로 묻었기 때문이란다. 런던에는 1700개 정도의 공원이 있다고 하니 가히 '정원의 나라' 라 할 수 있겠다. 가장 대표적인 정원은 '하이드 파크, 그랜드 파크' 등이라는데 하이드 파크는 공원 면적이 7만 평으로 여의도 광장의 7배쯤 된단다.

이는 400여 년의 역사를 자랑하는 공원인데 헨리 8세의 사냥터였던 곳을 공원으로 탈바꿈시켰단다. 이 정원은 동쪽으로 피카딜리 거리, 남쪽으로 켄징 거리, 북쪽으로 옥스퍼드 거리와 연결된다.

안개가 자주 끼고 하루 동안에 사계절을 경험할 수 있다는 이곳은 365일 중 280일이 비오는 날이란다. 늘 우산을 준비하고 다녀야 할 형편이므로 런던 지역 사람들은 해가 뜨면 일광욕하러 모두 공원의 잔디밭으로 나온다고 한다.

이 공원에는 오전에는 조깅을 즐기는 젊은이들, 오후에는 신문을 들고 나와 휴식을 즐기는 노인들, 그리고 어둠이 내리면 은밀한 데이트를 즐기는 연인들이 차례로 드나든단다.

하이드 파크 가운데에는 뱀처럼 구불구불한 '서펜다인' 이라는 길쭉한 인공 호수가 있고, 서남쪽에는 고故 다이애나 비의 거처 켄싱턴 궁전이 있는데 영국 사람들은 그를 추모하는 마음으로 사고 당한 지점인 이 공원길을 조깅 코스로 정하였다고 한다.

영국이 가장 부흥되었던 때가 빅토리아 여왕 시대인데 그때는 전 세계를 제패하여 '해가지지 않는 나라 대영제국' 을 건설하였음을 널리 과시하기 위하여 1851년 만국박람회 개최 때 이 공원에 기념탑을 세웠단다. 탑의 둘레에는 세계를 식민지로 제압했다는 상징물들을 세웠는데, 유럽을 제압한 기념으로는 소의 석상을, 아프리카를 상징하는 낙타를, 아시아는 코끼리를, 아메리카는 버팔로의 석상을 세워 놓았다.

이 탑의 중앙 한가운데에는 남편 알버트의 동상을 순금으로 만들고 그 위에 설치한 십자가와 성모상 등은 금물을 입혀서 만들었기 때문에 누가 그 가까이에 접근하면 경찰 몇 개 사단이 즉시 달려온다고 한다. 알버트 공은 원래 독일의 왕자인데 사람들은 그를 여자 잘 만나서 팔자 고친 사람이라고 한다.

골치 아픈 정치나 경제 등은 여왕에게 모두 맡기고 예술을 좋아해서 그의 동상을 안치한 기단에는 평소에 그가 좋아하던 예술가들의 부조가 빙 둘러 새겨져 있었다. 이 부부의 슬하에는 9남매를 두었는데 알버트 공은 42세에 장티푸스로 일찍 죽었다고 한다.

남편을 지극히 사랑한 여왕은 생전에 예술을 사랑하던 남편을 추모하기 위하여 콘서트 공연장에 '로얄 알버트 홀' 이란 이름을 붙였고 왕립미술학교나 왕립 음악학교, 도자기 등에도 알버트라는 이름을 즐겨 붙여서 지금까지 그 이름으로 전해 내려오고 있단다. 1m 50㎝의 키에 목이 짧은 편이었던 여왕이 V자로 목이 패인 의상을 즐겨 입었기 때문에 그 디자인이 유행되었다 한다.

이 공원의 북동쪽에 있는 '스피커스 코너' 에는 자유 연설대가 있는데 언제 누구라도 무슨 연설을 해도 좋지만 여왕에 대한 욕설이나 종교에 관한 말들은 절대 금한단다.

영국에 왔으니 버킹엄 궁전과 그 유명한 근위병 교대식을 보아야겠다. 궁전 남쪽에 있다는 여왕의 미술관과 살림집 옆을 지나서 걸어가는데 특별히 눈길을 끌 만큼 아름답거나 화려한 건물은 아니었다. 버킹엄 궁전은 1703년에 세워진 영국 왕실의 주궁전인데, 원래 버킹엄 하우스라는 개인 저택이던 것을 왕실에서 매입하여 증·개축을 하였으나 색상이나 양식이 뒤섞여져 평범하고 서민적인 티를 못 벗은 건물이다.

왕궁으로는 수준 미달인 편이나 정면에 금빛 장식과 중후함이 돋보이는 철문이 있어서 궁전의 분위기를 자아냈다. 궁전 내에는 마구간과 660개의 방이 있는데 화재가 났던 윈저성 재건 기금을 마련하기 위해 22개를 일반에 공개하고 있다. 궁전 내에서 일하는 사람이 600여 명이나 되는데 그 임금을 여왕이 지불하고 있단다. 근위병 교대식이 열한 시쯤에 있다 하니 세계 각국에서 온 관광객들이 구름같이 여기저기 모여 있다.

근위병 교대식은 남쪽에 있는 근위병 숙소에서 출발하여 질서 정연하게 궁전으로 들어가는 1부 볼거리와 궁전 안으로 들어가서 펼쳐지는 2부의 교대식 볼거리가 있다. 조금이라도 더 잘 보이는 곳이 어디일까 두리번거려 보았지만 워낙 너른 광장에 수많은 인파로 가까이 접근하는 일은 불가능했지만 어디에서나 퍼레이드 모습을 볼 수는 있었다. 복장이나 퍼레이드 광경이 영화에서 보았던 모습 그대로인데, 가까이에서 볼 수 없음이 아쉬웠으나 대영제국 왕실의 근엄함을 느낄 수 있었다. 여왕이 왕실에 계실 때는 정면 중앙에 로열 스탠더드 깃발이 나부낀단다. 여왕의 나이는 팔십이 넘었고 찰스 왕자가 후계자다.

'웨스트민스터'는 서쪽의 대사원이라는 뜻으로 고딕식으로 지어진 건물인데 스테인드 글라스가 매우 아름다웠다. 프랑스에서 온 노르만인 윌리엄은 자기가 잉글랜드 왕의 정당한 후계자임을 과시하기 위하여 1066년에 이곳에서 대관식을 가졌는데 그 후 40여 명이 넘는 영국왕이 이곳에서 대관식을 거행하는 등 영국 왕실의 역사가 응축된 곳이라 한다.

이곳의 지하 무덤에는 왕들을 비롯하여 과학자 뉴턴과 다윈, 대문호 셰익스피어처럼 국가에 공이 있는 사람들이 묻혀 있으므로 영국 사람들의 소원은 웨스트민스터 사원의 무덤에 묻히는 것이란다. 이곳에 평민이 한 사람 묻혔는네 이분은 강가에서 실면서 140세까지 장수한 노인이라 한다. 이분을 왕궁으로 초대했는데 런던에 오신 지 3일 만에 돌아가셨다고 한다. 아마도 오염된 공기와 기름진 음식이 사인이 아니었나 싶다. 아무튼 장수 복과 죽음 복을 다 타고난 분인 것 같다. 웨스트민스터 거리는 각종 관공서들이 있고 사원의 오른편엔 윈스턴 처칠 경이 다녔다는 웨스트민스터초등학교도 있었는데 주로 귀족의 자녀들이 다니고 있고, 이 거리에서 데모가 일어나면 말을 탄 경찰들이 와서 저지한단다.

영국은 신사의 나라라고 알았는데 안내원은 집시들이 많아 좀도둑이 성하니 가방을 조심하라고 단단히 부탁했다. 우리나라가 동방예의지국이라는 말이 무색할 정도로 변했듯이 영국도 많이 변했나 보다. 영국 사람들의 성격은 침착하고 냉정하며 남의 일에는 관심을 두지 않는데, 그것은 음산하고 쌀쌀한 찌푸린 날씨의 영향이 많은 것 같다고 한다.

영국인 남자 두 명이 무인도에 표류하고 있다가 극적으로 구출된 일이 있는데 두 사람은 서로 이름도 모르고 있었단다. 그 이유를 물으니 신사 체면에 소개인도 없이 어떻게 통성명을 할 수 있겠느냐고 대답하더란다.

영국의 상징으로 '쓰리 레드'가 있다. 그것은 빨간색 2층 버스와 빨간 우체통 그리고 빨간 전화 부스를 가리킨다. 1층 버스는 마을버스이고 2층 버스는 시내버스라고 한다.

도로에서 무단 횡단을 하거나 담배꽁초를 버리는 일, 길거리에 침을 뱉는 일 정도는 법에 걸리지도 않는단다. 영국에서는 남·녀 경찰들이 제복을 입고 짝을 지어 팔자걸음으로 유유히 다니는 한가로운 모습을 자주 볼 수 있는데, 일부러 그러한 걸음걸이 연습을 한다고 한다. 경찰들이 가급적이면 뛰지를 않고 서서히 걸어다니는 이유는 경찰이 뛰면 시민들이 불안한 마음이 들기 때문이란다. 경찰서는 미관상 보기 좋지 않다고 후미진 곳에 두고 대신에 CCTV를 곳곳에 설치해 놓았다고 한다. 영국 사람들이 선호하는 직업의 1위는 경찰직이고, 2위는 간호사, 3위는 의사, 4위는 가이드라고 한다.

도로에는 신호등이 없고 지그재그 횡단로가 많으며 오른쪽에서 차가 오기 때문에 길을 건널 때는 오른쪽을 먼저 본 다음 왼쪽을 보라는 교통 규칙이 있고 24시간 주 · 정차는 금지한다고 한다.

세계에서 최초로 골프와 테니스, 승마, 축구 운동을 시작했고, 세계에서 최초로 기차와 전철이 개통되었으며, 세계에서 최초로 우표를 사용하기 시작했다니 과연 해가 지지 않는 대영제국의 자긍심을 자랑할 만하겠다.

점심식사를 마른 빵과 우유로 대충 때우고 세계 3대 박물관 중의 하나인 대영박물관으로 발길을 옮겼다. 이 박물관 하나도 제대로 보려면 꼬박 하루가 걸린단다. 이 건물은 250년 전에 지었다는데 정면을 파르테논 신전과 같은 모습으로 지었다. 이곳에는 세계 여러 나라를 정복하고 각국의 유물을 탈취해 와서 진열해 놓았다는데 동 · 서양을 총망라한 듯한 거대한 박물관이다. 특히 그리스와 이집트 문화 유적의 규모와 방대함은 이루 표현할 수가 없다. 저렇듯이 거대한 건축물들을 어떻게 옮겨왔을까? 질문하니 잘라서 부분적으로 해체하여 배로 운반한 후에 다시 원래의 상태로 맞추어 놓은 것들이란다. 남의 나라 문화 유적을 송두리째 들어온 것이다. 이를 통해서도 약자를 짓밟는 정복자들의 야욕이 가증스럽다. 우리나라를 짓밟았던 일본의 가증스러움처럼 말이다. 이 밖에도 런던에는 박물관이 300여 개나 된다니, 네 것이든 내 것이든 유적과 문화재들을 잘 모아서 관리하고 보존하며 전시해 두면 세계 여러 나라 여행객들이 찾아오기 마련인가 보다.

우리의 문화재들도 잘 보존하여야 하겠다. 간혹 TV에서 방치되어 있는 문화재들을 소개할 땐 너무 가슴이 아프다. 더구나 우리나라의 국보요 문화재 1호인 남대문이 흔적도 없이 소실되는 모습을 지켜보아야 했던 우리 국민들의 가슴에는 지울 수 없는 커다란 상처가 생겼다.

소 잃고 외양간 고치는 격이지만 앞으로는 그렇게 가슴 아픈 일이 생기지 않도록 국민 모두가 문화재 사랑과 보존 관리에 관심을 가져야겠다.

우리의 반만 년 오랜 역사만큼 자랑거리도 많으니 소중하게 관리하고 보전하여 세계의 여러 나라 관광객들이 우리나라로 몰려오고, 입에서 입으로 전해져 더욱 많은 손님들이 우리나라를 찾아온다면 '문화의 산업화' 로 국가 경제에 큰 보탬이 될 수 있으리라.

예술이 생활 속에 숨쉬는 곳

내가 머물던 베토벤 거리에서 가까운 곳에 프랑크푸르트 대학이 있었다. 좀 더 걸으면 역사와 현대가 함께하는 마인 강변 도시의 가장 중심적이고 바쁜 거리가 눈에 들어온다. 유럽 최대의 철도역인 중앙역에서 가까운 이 거리는 전철과 자동차통행이 빈번한 곳으로 자전거 도로가 공존한다.

신호등을 기다리며 주위를 둘러본다. 널찍한 광장 건너편에는 연 중 내내 박람회가 열린다는 전시회장(MESSEGELANDE)의 웅장한 건물이 세계를 향한 전시회장의 개방성을 상징하며 서 있다. 그리고 그 곁엔 유럽에서 가장 높은 건물인 전시회 탑이 연필을 세워놓은 것 같은 모습으로 서 있다.

장밋빛 화강암과 유리로 된 데코식의 이 건물 안에는 약 3,500명이

일을 하고 있다. 전시회장의 바로 앞에는 이 도시에서 가장 현대적인 조각품인 「망치질하는 사람 (HAMMERING MaN)」 이 검은색 거대한 철재판 조각상으로 서 있는데, 마치 바쁜 이 도시의 사람들처럼 끊임없이 망치질을 하고 있는 모습이 뒤 배경들과 어울려 돋보인다.

매년 이백오십만 명 이상의 방문객과 여행객들이 드나드는 관문인 프랑크푸르트는 2차 세계대전 이전에는 독일의 가장 아름다운 도시 중의 하나였다. 그러나 전쟁 때 폭격으로 파괴되었다.

그러나 독일인들은 폐허를 세계적인 금융, 은행, 그리고 증시의 도시로 알려지게 하는 경제적, 건축적인 재건의 기틀로 삼았다. 우뚝 솟은 스카이라인은 프랑크푸르트를 가장 미국적인 독일의 도시란 별명을 갖게 했다. 또한 이백 미터 높이의 마인 타워는 원형과 사각형으로 된 건축물인데 54층의 전망대에 유럽에서 가장 빠른 엘리베이터로 올라가서 환상적인 마인 강변 지역의 경관을 멀리까지 볼 수 있게 한다. 멀리서 볼 때 마치 남산 타워를 보는 것 같은 유럽탑(EUROPA TURM)은 1979년에 세운 것인데, 높이가 331m이고 두께가 32m인 가장 높은 전신탑이라고 한다.

이 도시의 어느 곳에서나 보일 수 있도록 우뚝우뚝 솟아있는 이 높은 건축물들은 적절한 공간에서 사람들의 시선을 모은다. 그리하여 이 도시를 신르네상스 시대로부터 신고전주의에 이르기까지 역사와 현대가 공존하는 광범위한 감각적인 도시로 연출하고 있다.

한국의 기아자동차 회사는 유럽의 본부를 박람회장 근처에 두고, 현대자동차는 바로 이웃 도시인 오펜바하에 본부를 두어서, 우리나라 기업들의 대형 간판이 자주 눈에 띄니 몹시 반가웠다.

손자들이 심심한지 축구를 하자고 조르니 제 외삼촌이 가까운 공원으로 가자고 하여 따라갔다. 넓은 풀밭과 백 년 이상 됨 직한 나무들이 늘어서 있는 '그뤼네 부르크 공원' 이라는데 이곳은 옛날에 괴테와 친구들의 모임 장소이기도 하단다.

조깅을 하는 사람들이 많았다. 이 공원의 옆에는 한국의 냄새가 풍기는 정원도 있었다.

'저게 무얼까? 한국의 정서가 풍기는데?'

가까이 들어가 보니 연못가에 있는 정각엔 한자로 '초로정', 한글로 '풀이슬루' 라고 쓴 현판이 걸려 있었다. 안내판을 보니 2005년 이 도시에서 열린 도서박람회에 한국이 주빈국으로 초청된 기념으로 조성된 한국정원이란다. 반갑고 뿌듯했는데 앞으로 관리를 잘해야 할 것 같다.

아들 내외의 안내로 이 도시에서 가장 상징적이고 역사적이며 꼭 가볼 만한 곳이라는 '바울광장' 으로 갔다.

'어째서 이곳을 꼭 가볼 만한 곳이라 하는 걸까?'

처음엔 의아할 만큼 별다른 특징을 발견해낼 수 없었으나, 설명을 들으니 좀 이해가 되었다. 이 원형의 광장을 둘러싸고 있는 여러 가지 건축물들은 모두가 역사적인 의미를 내포하고 있단다.

교회 모습처럼 보이는 건물은 옛 시청이었다는데, 독일의 가장 유명한 상징적인 시청 중의 하나라고 한다.

뢰머베르그(ROMERBERG)라 부르는 이곳에서는 수세기에 걸쳐 왕의 대관식이 열렸고, 재판이 열렸던 독일 역사의 중심적인 곳이라 한다. 1833년에 봉헌된 타원형의 고전주의식 건물인 바울교회(PAULSKIRCHE)는 독일 민주주의의 상징이란다.

최초의 독일 국회가 이곳에서 합법적인 헌법의 기본 조항들을 가결했고, 1848년 이래로 독일 국민회의 국회의원들의 회의가 열려왔단다.

지금은 축제행사를 위한 장소로 쓰이고 도서전시회가 이곳에서 자주 열리고 있단다. 15세기의 시민계급들이 살았다는 향토적인 목구조 건물들도 있었는데 전형적인 독일 가옥의 형태라고 한다. 초 고딕식의 옛 니콜라이 교회는 11세기 이후에 세워졌다는데 1290년에 황제를 위한 궁중 예배당으로 헌납되었고, 지금은 시의회의 예배당으로 이용되고 있단다.

때마침 아름다운 종소리가 들렸는데, 그것은 니콜라이 교회에서 울려주는 것이란다. 날마다 아침 9시 5분과 12시 5분 오후 5시 5분에 40개의 종소리를 이용한 음악(GLOCkEN SPIEL)이 5분간 연주된단다.

수요일에는 12시 5분부터 한 시간 동안 연주된다고 한다. 특히 여름에는 점심시간에 30분간의 오르간 음악이 연주되는데, 이 도시의 사람들은 무더운 여름 한낮에 이 음악을 들으며 명상에 잠겨 긴장과 스트레스를 해소시킨다 하니, 과연 문화와 예술이 생활 속에 살아 숨쉬는 나라임을 알 수 있겠다.

프랑크푸르트에서는 누가 뭐라 해도 가장 유명한 자랑거리를 꼽는다면 세계적인 대문호 '괴테' 가 이 도시에서 태어났다는 사실일 것이다. 이 도시를 방문한 사람이면 누구나 한 번쯤은 괴테 하우스를 찾아간다.

우리 가족들도 예외 없이 괴테의 생가와 연결되어 있는 괴테박물관(MUSSEUM)을 견학했다. 괴테(JOHAN WOLFGANG VON GOETHE)는 프랑크푸르트의 그로센 히르시 그라벤에 있는 목가적 건물에서 1749년 8월 28일에 태어났단다.

이 집에서 유년기를 보냈고, 아버지와 가정교사로부터 라틴어, 그리스어, 기하, 지리, 역사, 자연, 글쓰기 등을 배웠단다. 청소년 시절의 괴테는 글쓰기와 그림 그리기를 좋아하였으며, 특히 스케치에 대한 열정이 많았단다.

젊은 시절에 자신의 이 공부방에서 비극 『클라디고』를 일주일 만에 썼는데, 잠시 약혼했던 아가씨에 대한 사랑을 내용으로 한 이 작품은 괴테의 이름으로 출판된 첫 작품인데 매우 좋은 반응을 얻었단다.

세계적인 걸작 『파우스트』의 집필도 이 집에서 시작되었단다.

괴테 하우스는 전쟁 때 파괴되었으나 전쟁 직후에 재건하여 1951년부터 다시 방문객들에게 개방되었단다. 괴테가의 유물들은 여러 개의 방에 많이 전시되어 있었지만 그 가운데 진품은 몇 점 정도에 불과하단다.

세계적인 대문호 괴테는 가고 없으나 그가 쓴 작품들과 기록사진들이 위대한 작가와 그의 시대를 말해주고 있었다.

인생은 짧고 예술은 길다는 말을 실감나게 했다.

앞으로도 프랑크푸르트는 영원히 그의 이름을 즐겨 부르며 그의 업적을 자랑할 것이다.

마인 강변에서

그날도 비가 오락가락하는 구름 낀 날씨에 바람도 불고 쌀쌀했다. 한국에서 다니러 온 부모에게 효도관광 차 나선 엄마 아빠를 따라다니느라 손자들의 고생도 큰 것 같다.

초등학교 3학년인 외손자와 5세 된 손자 녀석들은 마인 강변을 따라 조성된 모래장 놀이터에서 달리기도 하고 미끄럼과 그네를 타며 기분을 내지만, 이제 십오 개월 지난 손녀는 엄마가 밀어주는 유모차 안에서 잠을 자다 깨다 하며, 요즘 며칠 동안 따라다니느라 고생이 많았다.

감기에 걸리면 어쩌나 심히 염려했으나 어린애들도 이곳의 불순한 기후에 적응했는지, 콧물이 들랑날랑하는 정도로 건강하게 노니 감사한 일이다.

마인 강은 모든 유럽을 연결해 준다. 이 강은 마인츠의 라인 강으로 흘러드는데, 북해와 흑해는 라인, 마인, 도나우 강을 통하여 서로 연결된다.

마인 강에는 여러 개의 다리들이 있는데, 처음에는 수위가 낮은 곳에 열한 개의 다리를 놓아 안전하게 건너게 해주었는데, 오늘날은 열아홉 개의 다리와 보행교가 프랑크푸르트의 남부와 북부를 연결해주고 있다.

진주 목걸이처럼 마인 강을 따라 연안에는 박물관들이 줄지어 있다. 역사적인 발굴 물에서부터 영화학의 최고봉까지, 중세기의 회화 작품들로부터 최신 정보통신기술에 이르기까지, 전시 영역은 수세기를 넘나든다.

세대와 관심 분야를 초월하여 모든 방문객들에게 많은 상설 전시작품과 비상설 전시작품들을 감상할 기회를 제공하고 있었다. 시간 여유가 넉넉하다면 여러 날에 걸쳐서 차례로 박물관들을 방문하여 감상할 수 있다면 얼마나 좋을까.

나그네의 형편상 그 중에서 한 곳을 선택한 것이 '스테델 (STAEDEL)' 미술관이다. 이곳에는 여러 전시실에 수많은 작품들이 전시되어 있었다. 옛 대가들의 작품과 현대의 작품들, 상설작품들과 비상설작품들이 소장되어 있었다. 나는 미술작품 감상에 문외한인 편이라 며느리의 설명을 들으며 둘러보았다.

옛날부터 여러 곳의 교회에서 소장하고 있던 성화를 수집하여 전시하고 있었다. 마치 유럽 성화의 변천사를 보는 듯하였다. 내가 알아볼 수 있는 작품 중에는 이곳에서 상설 전시하고 있다는 '쟌 반 에이크, 어거스트 르느와르, 그리고 에드워드 마네' 의 작품이었다.

우리 교과서에 소개된 것이나 명화를 소개하는 책자에서 흔히 보아온 그림들의 진품을 대할 수 있음에 기쁨과 보람을 느꼈다. 그리고 '스테델 미술 연구소' 에서 가르쳤던 화가들의 작품도 많이 있었다.

프랑크푸르트는 도심 주변을 둘러싸고 외곽에 녹지대가 조성되어 있어서 자전거를 타고 한 바퀴 둘러보면 출발점으로 다시 돌아올 수 있단다. 목초지와 동산들, 정원과 공원, 과수원과 밭, 시냇물과 연못, 수많은 식물과 동물들의 생활 터전인 이 도시 숲들은 자연보호 구역이며 도시인들에게 활력을 제공하고 꿈과 희망을 주는 고마운 휴식처요 터전이라고 한다.

시내를 돌아다니다 보면 예쁜 꽃들이 핀 녹지대가 도심 속에서도 자주 눈에 띈다.

어느 날은 아들이 집에 남아서 아기를 돌보겠다 하여, 며느리를 따라서 손자와 함께 식물원에 가 보았다. 1871년 3월에 문을 열었다는 '팔멘 가르텐' 식물원은 열대지방에 소풍을 온 것처럼 열대 야자수가 무성하였다. 이 식물원은 당시의 독일에선 유리건축물의 가장 선구자 격이었는데 100년 후에 다시 재건축을 하였단다.

야자수와 폭포, 준열대성 기후에서 자라는 식물들의 다양한 모습, 사막에서 자라는 식물과 돌들을 볼 수 있었고, 식육식물과 살아있는 돌, 양치류와 오카드 등 쉽게 접할 수 없는 희귀식물들도 만날 수 있었다. 관목 정원 옆에는 여러 개의 온실이 있는데 계절에 따라서 피는 꽃들이 가득하였다.

부활절을 전후해서는 봄꽃 전시회가 열리고, 초여름엔 장미 축제가 열린다는데 아름다운 조명축제와 더불어 음악이 함께 어우러진다 하니, 이 '팔멘 가르텐'은 사람들에게 학술적인 면에서나 휴식처로서 사랑받기에 손색이 없어 유럽에서 가장 많이 방문하는 식물원 중의 하나란다. 우리가 방문한 날은 날씨가 좋아 호수 위에서 떠다니는 백조와 흑조를 배경으로 손자와 함께 사진도 여러 번 찍었다. 아들네 가족들이 사는 거리에서 십오 분 정도 걸으면 되는 곳에 이렇게 훌륭한 식물원이 있어서 다행이다.

앞으로 날씨가 좀 더 따뜻해지면 아들 내외와 손자손녀가 이곳의 널찍한 놀이터에서 다양한 놀이기구들을 이용하여 놀며 꽃구경도 하면 좋을 것 같다.

프랑크푸르트의 한인 성당

올해도 부활절을 며칠 앞두고 한국을 떠날 일이 생겼다. 지난 해 팔월부터 독일의 프랑크푸르트 대학에서 일 년간 연수차 머물고 있는 아들을 만나기 위해서이다. 더욱 자세히 표현한다면 이런 기회에 독일을 포함한 동부 유럽을 여행하기 위함이다.

이왕이면 유치원에 다니는 손자의 부활절 방학 동안에 방문하면 결석을 안 시켜도 될 것 같아서 이 기회를 선택한 것이다. 지난 삼월 십구일 우리 내외는 외손자를 데리고 독일에 왔다. 그러니까 성삼일 전날에 온 것이다. 작년에도 마침 이때 미국에서 부활절을 지낸 바 있는데 올해도 또 본당을 떠나게 되니 마음이 불편했으나 여러 가지 형편을 감안해야 하니 어쩔 수 없었다. 인간은 자신의 편리를 따라 사는 존재라고는 하나 좀 심한 것 같은 생각이 든다.

그러나 이성적으로 생각해 보면 우리 가족 몇 명이 부활절 전례에 참여하지 못했다 해서 교회나 하느님께서 손해 보시는 것은 아니다. 오히려 연중 가장 거룩한 부활 시기에 여행이나 다닌다고 미사참례도 못하며 지내는 우리 자신이 손해일 뿐이다.

부활축일인 이십삼 일 열 시 좀 못 되었을 땐 헝가리의 '이슈트반 대성당' 앞의 광장에서 웅장하고 예술적인 성당의 모습을 바라보며 가이드의 설명을 들었다. 성당의 전면 중앙문 위엔 아주 커다란 예수님 성화가 그려져 있고 그림 위엔 '나는 길이요 진리요 생명이다.(EGO SUM VIAVERITASET ViTA)' 라고 씌어 있었다. 미사 시간이 가까워졌는지 푸른 눈에 코가 뾰족하고 금발을 한 연세가 드신 남녀 교우들이 성당으로 들어가고 있었다.

차림새가 모두 세련되어 보였다. 이 나라가 자수를 놓은 수예품이 유명하다더니 관광객에게 수예품을 들고 다니며 팔려는 할머니도 보였다. 가이드에게 말했다.

"오늘이 부활축일이고 마침 미사가 시작되기 직전이니 미사 봉헌 좀 합시다."

"저도 천주교 신자라 그렇게 하고 싶은 마음은 간절하나 뜻이 다른 분들도 계신 단체 활동이니 그럴 수가 없네요. 그리고 미사 참례를 하면 오늘의 스케줄에 차질이 생겨서 안 돼요."

아쉬운 마음으로 성당 안에 들어가서 촛불을 하나 켠 다음 성당 내부를 자세히 살펴보니 성당의 전면에 예수님이 아닌 초대 '이슈트반 왕'의 초상이 십자가를 들고 있는 모습으로 봉안되어 있었다.

이 나라에선 국부적인 존재로 추앙받고 있는 존재란 건 알 수 있겠으나 성당 안의 제대 뒤 전면에 왕의 초상을 봉안하는 것은 좀 이해가 안 되었다. 이 성당엔 이슈트반 왕의 손 미이라도 보관되어 있었다. 1905년엔 교황 바오로 2세께서 이 성당에서 미사 집전을 하셨단다.

지난 일요일에도 미사 참례를 못해서 대송을 바쳤는데 오늘도 대송으로 아쉬운 마음을 달래며 매일미사 책을 읽었다. 내 마음을 알았는지 가이드가 말했다.

"유럽은 대부분이 가톨릭 국가라곤 하나 평생에 두 번 성당에 가는 사람들도 많대요. 그게 언제냐 하면, 태어나서 유아 세례받을 때와 죽어서 장례식할 때래요."

아들의 가족들과 함께 헝가리, 체코, 오스트리아 등을 둘러보았다. 오늘은 사월 육일 일요일이다. 그런데 오늘도 독일에 사는 친구의 초대를 받아서 아들의 가족들과 함께 친구의 집에 방문하는 날이다. 그 친구는 신자가 아니라 일요일에 초대를 한 것 같다.

자칫하면 오늘도 미사 참례를 못할 것 같다. 십일일엔 독일을 떠나야 되는데 어떻든지 독일 성당에서 미사 한 번은 꼭 봉헌하고 싶어서 약속한 전날 친구에게 전화를 했다.

"친구야, 네가 내일 열두 시 반에 우리 가족들 점심 초대를 했는데, 열 시쯤에 방문해도 될까? 왜냐하면 일요일이니까 네 시에 한인성당에 가서 미사 봉헌하려면, 점심식사 후에 곧바로 헤어져야 할 것 같아서 그래. 네가 괜찮다면 열 시쯤에 미리 가서 네 얼굴도 많이 보고 이야기도 많이 나누고 싶어서 하는 말이야."

"좋아, 난 괜찮아. 그럼 우리 같이 점심 준비해서 먹으면 되겠네."

프랑크푸르트에서 자동차로 삼십 분 거리인 비스바덴에 산다는 어릴 적 친구를 사십오 년 만에 만나기 위해서 아침 일찍 서둘러 다녀온 결과 미사 시간 직전에 푸랑크푸르트의 한인성당에 도착할 수 있었다.

다른 교우들도 성당을 향해 들어가고 있는 중이었다. 우리 가족들이 들어가자마자 입당송이 시작되었고 사제께서 들어오셨다. 거의 이십여 일 만의 미사 참례인 것 같다. 둘러보니 미사 참례하는 교우들도 많고, 미사 전례가 전주의 우리 성당에서와 똑같아서 마치 우리 본당에서 있는 것같이 편안한 마음이었다.

너무 감사한 일이다. 사월이 시작된 지 어느덧 육 일째인데 아직 매일미사 책을 못 구해서 얼마나 안타까웠는지, 나는 아침마다 매일미사 책을 읽는 습관이 있기에 그동안 너무 불편했다. 독일의 한인성당에선 매일미사 책을 미리 신청하지 않으면 구하기가 어렵다고 한다. 한국에서 공수해 와야 하기 때문이란다. 아무리 그렇더라도 오늘은 꼭 한 권을 구해야겠다고 마음을 단단히 먹고 수녀님과 구역장님을 만나서 사정한 결과 얻게 되어서 참으로 다행이다. 집에 돌아와서 그동안 지나간 날들의 것을 모두 읽었다. 어떤 유인물을 보니 이 성당을 '독일 마인츠 한인천주교회' 라고도 씌어 있었다.

내가 살고 있는 전주교구의 신부님들께서 해외 교포사목 활동으로 이 교구를 관리하며 이 프랑크푸르트 한인성당에 파견되어 사목활동을 하고 계신다니 더욱 반갑고 친근감이 든다. 미사가 끝난 후 신부님께 인사를 드리니 우리 본당의 신부님을 잘 알고 계셨고 우리 성당에도 여러 차례 다녀가셨다고 하신다.

아무쪼록 아들과 며느리가 이곳에 사는 동안 열심히 성당에 잘 다닐 수 있기를 기대하는 마음이다.

'뜻이 있는 곳에 길이 있다' 는 말이 있듯이 독일을 떠나기 전에 이 성당에 와서 미사 봉헌을 할 수 있도록 이끌어 주신 하느님께 감사드린다.

3부　포도밭 주인의 마음

포도밭 주인의 마음

하늘나라는 자기 포도밭에서 일할 일꾼들을 사려고 이른 아침부터 집을 나선 밭 임자와 같다는 성서 말씀(마태오 복음20.1-16)을 읽을 때마다 밭 임자의 후한 마음에 존경심이 들고 나도 그와 같은 마음을 본받고 싶었지만 잘 안 되었다.

아무리 생각해도 이른 아침부터 저녁때까지 온종일 일을 한 일꾼과 저녁 다섯 시 무렵에 일을 시작한 일꾼에게 똑같은 품삯을 준다는 것은 불합리하다는 생각을 떨쳐버릴 수가 없었기 때문이다. 즉 한 시간만 일을 한 일꾼이 너무 부당하게 후한 대접을 받은 일이 배가 아픈 것이다. 이웃집 사람이 사업 수완이 좋아서 돈을 잘 벌고 그 아내가 좋은 차를 타고 다니며 여유를 부리는 일을 볼 때 왠지 심사가 편치 못함을 숨길 수 없다. 친구의 딸이 시집을 잘 가서 친정엄마가 딸 자랑을 할 때 참 잘

했다고 축하의 덕담을 하면서도 어쩐지 내 마음 한구석에선 시새움이 일렁임을 느꼈다.

내가 담임했던 제자가 공부를 잘해서 영재학교엘 가게 되니 내일처럼 기뻤지만, 같은 반인 내 아이가 그에 못 미칠 때 아쉬운 마음이었다.

인력 시장에 꼭두새벽부터 나와서 불을 쬐고 있는 사람들을 보았다. 그들은 하루하루 벌어야 살 수 있는 일용직 노동자들이라고 한다. 아침 일찍부터 일자리가 생겨서 일을 할 수 있게 된 사람은 마음이 무척 뿌듯하고 기뻤을 것이다.

그날 받을 임금이 보장되었으니 적금도 넣을 수 있고, 사랑하는 자녀의 학비도 낼 수 있고, 학용품도 사 줄 수 있게 되었으니까, 그는 콧노래를 부르며 온종일 즐거운 마음으로 일을 했을 것이다. 자녀들이 장성하여 떠나고 두 내외만 사는 집은 사랑하는 마누라에게 요즘 유행하는 옷도 사줄 수 있고, 돈이 남으면 집에 들어갈 때 자반고등어 한 손이라도 사서 들고 들어가면 마누라가 얼마나 좋아할까, 상상하며 행복한 하루를 지냈을 것이다.

그러나 다른 사람들은 모두 일자리가 생겨서 떠났는데, 자기는 새벽부터 나와서 자기를 사갈 임자를 기다렸지만, 아무도 자기를 안 데려가고 온종일 그 자리에 서 있는 사람의 심정은 오죽할까. 하는 일없이 점심때가 되니 뱃속에선 쪼로록 소리가 난다. 호주머니에 있던 오천 원짜리 한 장으로 국수를 사 먹고, 다시 그 자리에 나와서 자기를 사갈 사람을 기다리고 서 있으려니, 귀여운 자식새끼 얼굴과 걱정스런 마누라 얼굴만 어른거린다. 무료하고 초조하여 참을 수가 없다.

끊으려고 작심했던 담배꽁초에 불을 당기고 두어 모금 빨고 있는데,

맘씨 좋아 뵈는 할머니가 가까이 오시더니 자기 집 포도밭에 가서 일을 하잔다. 눈이 번쩍 뜨이고 "하느님 감사합니다." 라는 말이 절로 나온다.

포도밭에 가서 보니 여러 일꾼들이 여기저기서 포도송이에 봉지를 씌우는 작업을 하고 있었다. 그는 포도알 한 개라도 다칠까 봐 정성을 다해 일을 했다. 오늘 하루 공치는 걸로 알았는데 얼마나 고마운 일인가. 일을 시작한 지 한 시간이나 지나니 해가 뉘엿뉘엿 서산으로 넘어간다. 주인이 부르신다.

"모두들 오세요. 어차피 오늘은 다 못 끝내겠으니 내일 또 합시다." 일꾼들이 온종일 흘린 땀을 씻으러 수돗가로 가는 사람, 담배 한 대 피워 무는 사람 등등이 하루의 일을 무사히 마치고 이젠 품삯을 받으리란 기대에 찬 얼굴로 모여들었다.

"맨 마지막에 온 사람부터 이리 나오세요."
하시더니 신사임당이 그려진 오만 원짜리 지폐 한 장을 주신다. 깜짝 놀라서 눈을 둥그렇게 뜨고 혹시 잘못 보았는지 다시 확인해보아도 오천 원이 아닌 오만 원짜리가 아닌가!

황송한 마음으로 고맙게 받아드는 눈에는 눈물이 글썽인다. 주인 할머니의 얼굴이 하느님처럼 부처님처럼 보인다. 허리 굽혀 절을 하고 물러나온다.

곁에 서 있던 일꾼들이 놀라운 표정으로 서로 눈짓을 한다. '한 시간 일한 사람에게 오만 원? 그러면 우리들에겐 얼마나 많이 줄까?' 그런 의미가 담긴 눈짓이다. 그다음 사람들도 모두 오만 원씩 나눠주시니 제일 먼저 온 일꾼이 불평을 한다.

"원, 세상에 이런 경우가 어디 있어요. 나는 온종일 땀을 흘려 일을 했는데, 나도 오만 원만 준단 말이오?"

주인이 대답하시길,

"처음에 하루 품삯을 오만 원으로 정하고 일하러 오지 않았소? 내가 약속을 어겼나요? 나는 맨 끝에 일하러 온 사람에게도 후하게 해주고 싶어서 그래요. 내가 내 돈을 내 맘대로 쓰고 싶다는데 무슨 불만이오? 당신은 당신 품삯이나 잘 받고 돌아가시고, 내일 또 우리 집 일을 하러 오고 싶으면 와주세요."

하니 일꾼들은 마음속으로 투덜거리며 돌아갔다. 내 꼴도 투덜거리는 일꾼 중의 하나라고 생각하니 마음이 씁쓰레하다.

가난한 이웃에게 후한 마음으로 나누는 삶을 살라고 하느님께선 말씀하신다. 다섯 시에 일하러 온 일꾼이 후한 품삯을 받았을 때 내 일처럼 고맙고 기쁘게 생각하는 순수한 사랑의 마음만을 가진 내가 되어야 할 텐데…….

사촌이 논을 사면 진심으로 기뻐해야지 배가 아프면 되겠는가. 부족하고 얼띤 마음을 하느님 같은 너그러움과 사랑으로 채워서 포도밭 주인처럼 후하게 베푸는 사람이 되려고 노력해야겠다.

포도밭 주인의 마음이 곧 우리들 모두에게 베푸시는 하느님의 사랑이 아닌가!

교황 요한바오로 2세

교황 요한바오로 2세께서 향년 팔십이 세로 선종하셨다. 일반적으로 사람이 죽는다는 것은 슬픈 일이다. 아무리 미미한 존재일지라도 말이다.

교황님께서 돌아가셨으니 마음 깊이 슬퍼해야 옳을 텐데 왠지 그렇지를 않으니 이상하다. 교황님께서 환하게 웃으시는 모습은 마치 천진난만한 어린이를 보는 듯 평화롭다. 요즘 세태는 노인들이 대접받는 시대는 아닌 것 같다.

그러나 교황님의 경우는 정말 달랐다. 비록 휠체어에 몸을 의지하고 굽어진 어깨와 떨리는 목소리, 심하게 떨리는 손으로 강복을 해주시나 그분을 만나 뵙는 그 자체가 행운이요, 행복으로 알고 앞다투어 알현하기를 바라니까. 그분은 누구도 부인할 수 없는 신앙의 교사요, 최고의 목자였을 뿐만 아니라, 세상과 인류에게는 영적인 스승으로서 복음의 가르침을 실천하며 이끌어왔던 이 시대의 참된 영웅이셨다. 애도 기간 동안 교황님의 한평생 삶이 전 인류에게 자세히 공개되었다.

나 역시 낮에는 직장에서 일을 해야 하기에 퇴근하여 저녁 시간을 온전히 TV에서 눈을 떼지 못했다. 애도 기간 동안 자주 교황님을 뵐 수 있음에 죄송스럽게도 슬픈 마음 아닌, 오히려 행복한 마음으로 하나도 빠짐없이 보았다.

공산국 폴란드의 작은 마을 '바도비체'에서 출생하여 '카롤 보이티와' 라는 이름을 가진 그는 초등학교 2학년 때 어머니와 사별하였다.

어머니를 여윈 슬픔이 얼마나 컸겠지만 그는 울지 않았다고 한다.

팔십이 세로 돌아가시는 순간까지 한 번도 몸에서 떼어놓지 않고 간직하고 다니는 것이 있었는데, 그것은 다름 아닌 아기 적에 엄마에게 안기어 찍힌 사진 한 장이라고 한다. 사려 깊으신 아버지는 엄마 잃은 자녀들을 딱딱한 침대에서 잠을 재우며 강인하고 엄격한 사랑으로 자립할 수 있도록 기르셨다.

스물한 살 때 돌아가신 아버지의 영혜 앞에서 열두 시간을 꿇어있던 그는 사제가 되기로 결심했다 한다. 삼엄한 나치 독일 치하에서 추기경이 비밀리에 운영하는 지하 신학교에서 사제 수업을 받으며, 유대인들에게 은신처를 제공하고 탈출을 돕는 등 저항 운동에 가담해 게슈타포의 요시찰 인물 명단에도 올랐지만 지하 소극장 발기인으로도 활동하였다.

'카롤 보이티와' 그분처럼 다양한 인생을 경험한 이도 드물다고 사람들은 말한다. 대학에서 폴란드 문학과 철학을 공부한 그는 연극에도 열정을 보였고, 스키와 하이킹을 즐기는 만능 스포츠맨이셨다. 나치 독일이 폴란드를 점령하자 채석장에서 돌을 깨고 운반하며 발파작업을 하고 화학공장의 근로자로, 수질 정화부로 힘겨운 노동도 하였다.

하느님께선 크게 쓰시기 위해, 훗날 전 세계를 이끌어가야 할 영적 지도자로서의 자질을 갖추기 위해 저 밑바닥에서부터 갖은 고난과 역경을 극복해 나갈 수 있도록 단련시키셨나 보다.

2차 대전이 끝난 후 스물여섯 살에 사제품을 받고 로마로 유학해 윤리 신학공부를 하며 노동운동에도 가담하였고, 조국 폴란드가 전쟁의 폐허 위에서 다시 소련군에 점령되고 공산정권이 세워졌을 때, 귀국하여 삼십육 세의 젊은 나이로 대학교 정교수가 되어 강단에서 젊은이들의 교육에도 힘쓰셨다.

삼십팔 세에 폴란드 역사상 가장 젊은 주교로 임명되어 오랜 세월 동안 전해 내려오던 교회법들을 간소화하여 현대인들이 합리적인 신앙생활을 할 수 있도록 개정한 제2차 바티칸 공의회 사목헌장을 다듬는 데 중요한 역할을 하였고, 사십칠 세에 추기경이 되셨다.

1978년 10월 16일 오후 6시 18분 씨스틴 성당의 굴뚝에 흰 연기가 뭉게뭉게 피어오른 것은 '카롤 보이티와' 가 교황 요한바오로 2세로 탄생되는 것을 알리는 신호였다. 455년 만에 비이탈리아 출신 교황이 탄생된 것이다. 그것도 냉전 시대에 공산국가 출신 교황이 탄생되었으니 온 세계가 경악을 금치 못할 일이었지만, 이는 교회사 적으로나 세계사 적으로도 중대한 하느님의 뜻이었던 것이다. 둘로 나눠진 인류를 하나로 만들기 위한 하느님의 섭리요 선택이셨던 것이다.

누군들 자기의 조국을 사랑하지 않는 자가 있을까만, 조국 폴란드를 지극히 사랑하셨던 교황님은 자주 고국을 방문하셨고, 고국의 동포들에게 정신적인 지주 역할을 해오셨다. 교황님이 선종하시니 남녀노소 할 것 없이 폴란드의 모든 국민이 슬픔에 빠졌고, 이백만 명이 바티칸으로 달려오는 것만 보아도 알 수 있지 않은가! 역대 교황님들과 마찬가지로 베드로 성당 지하 묘지에서 안식을 하시게 되었지만, 교황님 자신은 조국 폴란드에 묻히기를 소원하셨다는 말도 있다. 교황 요한바오로 2세의 업적은 이루 헤아릴 수 없을 만큼 많지만 그 중에서도 가장 중요한 것은, 조국 폴란드를 순방할 때마다 연대노조를 지지하고 '그다니스크' 광장에 모인 수백만 동포들에게 '미래를 위해 힘을 모으자.' 고 촉구하여 연대노조가 자유총선에서 정권을 장악하게 된 것이다.

그리하여 폴란드가 자유를 위한 투쟁을 시작함으로써 동유럽에서 공산주의가 무너지게 하는 시금석이 된 것이다. 폴란드의 자유 물결은 베를린 장벽의 붕괴와 소련의 해체, 냉전의 종식으로 이어져 마침내 세계평화에 결정적으로 기여하게 된 것이다.

교황 자신이 나치 치하에서 그리고 공산주의 통치 아래 성장해왔기에 이 지구상에서 오직 하나뿐인 조국 분단의 아픔을 안고 있는 한국인들에게 특별한 애정을 기울이고 사랑과 평화를 심어주기 위해 두 차례나 방문해주셨다.

같은 나라를 두 번씩이나 방문했던 일은 조국 폴란드를 제외하고는 처음 있는 일이었다 한다.

한국 전수교회 200주년을 맞아 1984년 5월 3일 빛으로서 평화의 사도로서 김포 공항에 도착해 땅에 입맞추시는 교황님을 보면서 큰 감동을 받았다. 나는 내 조국 땅에 아직까지도 입을 맞추어 본 일이 없으니까, 예로부터 성인 성녀 시성식은 이탈리아에서만 이루어져왔는데, 우리나라 현지에 오셔서 103위 복자들에 대한 시성식을 가진 일은 전혀 유래가 없는 파격적인 일이었다 한다.

1989년 10월 제44차 세계 성체대회에 교황님이 재차 한국에 오시었을 때 "이곳 한국에 오도록 마련해주신 하느님께 감사합니다. 찬미예수 아멘." 하시던 교황님께 여의도 광장을 가득 메운 군중들이 교황님 만세를 부르던 일이 눈에 선하다.

교황님 얼굴 한 번 가까이에서 볼 수 있기를, 마치 키가 작은 '쟈케오' 가 뽕나무 위에 올라가서 예수님을 기다리던 심정과 진배가 없었다. 한국 교회 복음화의 일등공신은 아무래도 요한바오로 2세 교황님이신 것 같다 . 왜냐하면 교황님이 오시기 전엔 한국의 천주교 신자 수가 200만 명이 채 못 되었다는데 교황님 다녀가신 뒤로 신자 수가 현저히 불어나 현재는 400여만 명에 이르고 있다니 한국의 복음화에 결정적인 역할을 해주신 것이다.

한국 방문을 위해 많은 기도와 연구를 하셨고 열심히 공부하시어 한 마디 한 마디 정성을 다해 한국말로 장엄미사 집전을 하신 그 열성, 비신자들도 감동을 받아 앞다투어 입교하게 되었다.

교황 성하께서는 84세 생애 중 27년을 교황으로 봉사하셨고, 재임 기간 중 가장 큰 업적은 지칠 줄 모르는 사목 순방을 뽑을 수 있겠다. 지구촌 구석구석을 누비며 104회에 걸쳐 해외 순방을 하셨고, 129개국을 찾아가(194만 ㎢) 평화를 호소하며 그리스도의 복음을 전파하셨다. 청소년들과 노동자들, 신학생들과 예비신자들을 두루 만나서 아버지 같은 정으로 다독여 주시며, 소록도에 소외된 한센병 환자들을 찾아가 한 사람 한 사람을 껴안고 묵주기도를 바치신 우리 교황님은 가장 낮은 곳으로 달려가 종의 종으로 자처하시는 지극히 성스럽고 자애로우신 분이시다.

전용 비행기 자체가 기도하는 성당이요 성무일도하는 장소인 것을 보고 김수환 추기경님도 놀라셨다 한다.

파킨스씨 병을 앓으며, 터키 원리주의 청년에 의해 피격을 당했지만, 저격범도 질병도 교황님의 초인적인 목자로서의 사명감을 저해하지는 못했다. 이천년 대희년에는 화약고 중동을 방문하셨고, 통곡의 벽 앞에서 고개 숙인 교황님은 교회 안의 갈등을 해소하고 화해와 일치를 이루기 위하여, 가톨릭교회의 모든 잘못을 인정하고 용서를 청하며, 인간이 할 수 있는 노력은 무엇이든지 최선을 다한 진솔하고 참다운 목자이셨다.

가장 높은 곳에서 머무르면서도 가장 낮은 자를 자청하시는 교황님은 총성이 울리는 전쟁터와 가난하고 그늘진 곳에서 눈을 떼지 못하고, 가슴 아파하며 기도하시고 전 세계를 향해 사랑의 실천을 호소하셨다. 그를 원하는 곳이라면 어디든지 달려가는 착한 목자이셨다.

공산 치하를 몸소 겪으신 교황님께선 특별한 애정으로 한국을 사랑하셨고, 돌아가시는 순간까지도 북한과 중국 등, 북방 선교를 한국 교회에 당부하신 걸로 알고 있다. 우리는 북한의 인권과 민주화를 위해 그리고 복음화를 위해 더 열심히 기도하고 노력함으로써 교황님의 지향이 좋은 결실을 맺도록 해야겠다.

우리 자신은 물론이고 가정과 사회를 아름답게 가꾸고 복음화함으로써 교황님께서 그토록 갈망하시던 하느님의 뜻이 하늘에서와 같이 땅에서도 이루어지기를 기도드린다.

종교를 초월하여 모든 인류가 사랑해 마지않는 우리 교황 요한바오로 2세 성하께서 천상의 나라에서 평화의 안식을 누리시기를 빌며, 나 같은 미미한 존재도 교황님의 사랑받는 양 떼 중의 하나였음을 자랑스럽고 행복하게 여긴다.

교황님의 장례식에 참석하러 베드로 성당 광장에 모였던 이백여 명의 세계 각국 지도자들과 이백여만 명의 순례객들, 그리고 위성 중계를 통해 영결식 모습을 안타깝게 지켜보던 지구상의 모든 인류가 교황 요한바오로 2세는 인류의 영적인 스승이요, 참다운 목자이셨음을 증언하리라.

가족과 함께하는 성지 순례

본당의 전 신자가 다 함께하는 성지순례에는 어린 자녀들도 데리고 참여했으나 우리 가족들이 선택하여 가본 기억은 없다.

그래서인지 '가족과 함께 성지순례' 라는 제목이 시선을 끌었다. 우리 사회에 여행은 일상적인 일이 되었다.

내 경우에 여행떠나기 전날 밤엔 잠을 충분히 자두는 게 좋다고 생각은 하면서도, 두고 갈 가족들을 생각하며 이일 저일 마음이 쓰여 잠을 설치기 일쑤다.

그런데 저자의 가족들은 법대 교수인 아빠와 자유기고가이자 작가인 엄마, 스무 살 맏이로부터 열네 살 막둥이까지 여섯 명이다.

교황 요한바오로 2세가 2000년 대희년을 기념하기 위해 전 세계 가톨릭 신자들을 로마로 초대하였을 때, 평소에 가족끼리의 순례 여행을 간절히 바랐던 그들은 1999년 성탄절 무렵부터 여행 준비를 했다 한다. 아이들의 성탄 선물은 배낭이었고 가족 모두의 비행기 티켓을 선물로 마련했단다.

가족 모두가 여행 준비에 필요한 세부 사항을 분담하여 조사했고, 경비를 줄이기 위해서는 대부분의 여행 기간 중 매우 저렴한 가격으로 수도원에서 숙박할 수 있다는 사실은 엄마가 조사한 결과란다. 이 얼마나 멋진 일인가!

두 달간의 자녀들 여름방학에 유럽으로 성지순례를 떠나기 위해 거실 벽에 유럽 대륙지도를 붙여 놓고 온 가족이 둘러앉아 여행 책자와 인터넷을 검색하며 계획을 세우고 준비하는 모습이 눈에 선하다. 이 가족들의 순례여행은 성령강림 대축일 전야 미사에 바티칸 대성당의 성 베드로 광장에서 요한 바오로2세께서 집전하시는 미사에 참례하는 것으로부터 시작되었다.

지구상의 각국에서 모인 수많은 순례객 중 평소에 알던 수녀님의 배려로 앞에서 열 번째 줄에 앉아 미사를 봉헌했다는 그들의 모습을 머릿속에 그려 본다.

이 책은 '마리아와 마이클' 부부가 돌려가며 함께 썼고, 가명을 쓰지 않은 생생하고 진솔한 체험담이기에 읽는 이들에게 더욱 감동이 큰 것 같다. 이 부부에겐 휴가든 출장이든 집을 떠난다고 해서 신앙까지 잠시 접어두는 일은 없단다.

여행 중에도 어느 나라의 어느 도시에 가든지 맨 먼저 인터넷으로 가까운 성당의 소재를 파악하여 하느님 앞에서 반 시간이라도 묵상을 하면서 힘을 얻는다. 하느님과 친교를 이루고 영적 갈망을 채워줄 거룩한 장소를 찾으려고 노력한다.

어느 날은 숙박할 수도원을 찾아가는데, 가도가도 끝이 없고 지금 어디쯤에 와 있는지 얼마를 더 걸어야 할지 도무지 알 수 없는데, 등에 멘 배낭은 무겁고 단 한 발짝도 더 내디딜 수 없을 만큼 지치고 짜증이 나서 길바닥에 주저앉았단다.

남편도 화난 듯 말없이 앞에 가버리고 아이들도 엄마의 그런 모습을 못마땅한 표정으로 바라만 볼 뿐, 해는 뉘엿뉘엿하는데 이러다 길에서 밤이 되면 어쩌나 두려움이 앞섰단다.

배낭을 열고 버릴 만한 것을 찾으려 아무리 뒤져 보아도 버릴 게 없었고, 그 안에는 분노, 좌절, 원망, 후회와 떨쳐버리지 못한 마음의 상처 등 쓸모없는 영적, 감정적 마음의 벽돌들이 무거운 짐이 되고 있음을 발견했단다.

그때 남편이 활짝 웃는 얼굴로 돌아왔는데 거기서 십 분도 안 되는 거리에 수도원이 있었단다. 잠시 하느님을 온전히 신뢰하지 못한 자신이 부끄러웠단다.

순례자는 날마다 배낭 속에 참으로 중요한 신앙심, 가족에 대한 사랑, 너그러운 마음, 하느님이 보내시는 사람들을 반겨 맞이하는 마음, 즉 본질적인 것을 담고 있어야 한다.

누군가에 대한 생각이 떠오르거나 누군가를 걱정하는 마음으로 밤잠을 설칠 때 그 사람을 위해 묵주기도 한 단이라도, 기도의 꽃다발을 바치면서 누구보다 그를 잘 알고 계시며 사랑하시는 분의 손에 맡겨드린단다.

묵주기도를 바치면서 우리 모두가 하나의 공동체로서 믿음의 순례에 동참하고 있음을 상기하기에. 해마다 전통적으로 성 금요일의 오후 3시에 가족이 다함께 14처를 돌며 기도하기 위해 아이들을 조퇴시키기도 했다는 부분에선 내심 매우 놀랐다.

이 책의 저자는 가톨릭 신자라면 모든 여행에 순례자의 마음가짐으로 임하는 법을 몸에 익히도록 노력하라고 한다. 관광객으로서 인생을 사는 것과 순례자로서 인생을 사는 것이 근본적으로 어떻게 다른지 여행에 대한 자기반성을 해보는 계기가 되었다.

관광객은 자신의 욕구와 취향을 최대한 충족시키기 위해 주어진 시간과 돈을 어떻게 배분할지 고민할 것이고 인생의 단물을 최대한 빨아낼 방법을 모색할 것이다.

반면에 순례자는 참 고향이라는 미지의 목적지인 하느님 계신 참 본향을 향한 더욱 큰 모험으로 여정을 이해한다. 참 행복을 소망하며, 그 소망은 내면의 자아를 발견하게 하여 마침내 하느님과 친교를 나누며 평온히 쉬게 한다.

우리의 삶은 그 자체가 하느님을 향한 순례이다. 그럼에도 때때로 어디론가 떠나는 순례 여행이 필요한 까닭은 반복되는 일상 속에서 잃어버리기 쉬운 하느님을 다시금 발견하고 되찾기 위해서이다. 순례자는 자신의 여정을 통해 내적 변화를 경험한다.

여행은 각 사람의 내적 성숙을 도와주는 수단이기도 하다. 여행을 떠난 사람은 순례라는 가슴 벅찬 경험을 통해 자신의 삶과 세상을 바라보는 시각을 얻게 된다. 그는 자신이 그리스도의 제자임을 기억하기 위해 순례 여행에 나서는 것이다. 자신이 하느님의 자녀임을 이미 알고 있었으나 그동안 잊고 있었음도 깨닫게 된다.

나의 여정을 하느님이 굽어 살펴주신다는 신뢰심은 편안한 마음으로 여행을 즐길 수 있게 한다. 반면 신뢰하지 않으면 여행하는 내내 긴장과 피로가 계속된다. 물리적인 순례는 여러 가지 극적 방법으로 우리를 단련시켜 인생의 내적 외적 여정을 하느님의 보호와 계획하에 맡기게 된다.

저자의 가족들은 기차여행을 하며 유럽의 자연과 문화 유적을 장기간 탐방했고, 기차여행이기 때문에 맛볼 수 있는 낭만에 대하여도 말했다. 마땅한 식당을 찾아 시장 골목과 거리를 어슬렁거리는 재미와 시내버스를 타고 다니면서 지역 문화의 색채를 맛보고 싶었다고 한다. 순례여행이라는 공동 목표를 향해 몇 개월에 걸쳐 식구들이 협력하는 준비과정 자체가 가족 순례라고 생각했단다. 그런데 조심하지 않으면 식비가 예산을 초과하는 가장 큰 변수가 될 수 있다는 점을 이해하도록 아이들을 예산을 세우는 작업에까지 동참시켰다고 한다.

두 달간의 순례여행 동안 아침 식탁에서 자녀들과 대화하고, 내면에서 자연스레 흘러나오는 하느님의 인도하심에 마음을 열고 귀를 기울이며 함께 미사를 봉헌하고 영성체를 했다니 참으로 본보기가 될 만한 가족들이다.

이 책은 단순한 관광객이 아닌 거룩한 순례자의 삶을 갈망하는 이들에게, 그리고 가족과 함께 성지순례를 계획하는 이들에게 많은 도움을 줄 수 있는 좋은 책이라고 생각한다.

어린 시절에 쿠바에서 부모를 따라 미국으로 이민을 왔다는 마리아 씨의 말을 들어보자.

'사랑하는 가족에게 한층 나은 삶의 기회를 주기 위해 이민자들은 지옥에라도 내려가려 한다. 기아, 갈증, 소외, 무력한 상태, 질병, 투옥에 대한 그들의 체험담에서 우리는 십자가에 못 박히신 그리스도의 얼굴을 발견하게 된다.' 는 그의 말은 오늘날 다문화 가정이나 새터민이 증가하는 우리나라 형편을 볼 때, 이 시대에도 여러 가지 모습으로 감추어진 그리스도의 신비에 대한 시사점이 크다.

이 책에서 특히 강조하는 점은 하느님을 신뢰하는 자들에겐 언제나, 어디서나, 누구에게나 하느님의 은총이 함께한다는 것이다. 아울러 하느님을 경외하는 이들의 일상생활은 동서고금을 막론하고 공통점이 많다는 것을 재확인할 수 있었다.

아! 목 마르다

내 고향 여산에서 나고 자라는 동안 늘 눈만 뜨면 보이는 것은 천호산이었다. 내가 다닌 중학교 교가는 '천호산 높이 솟아 푸른 그 정기……'로 시작된다. 언젠가는 저 산엘 올라가 보리라. 나의 동기동창생 중에는 화산면에 살면서 3년간 매일 천호산 고개를 넘어서 등·하교한 J라는 남학생이 있었다.

그는 1년 선배라는 학생과 함께 다녔는데 등굣길이 3시간 하굣길이 3시간 걸렸다.

'어떻게 그럴 수가…….' 너무도 놀라워서 입이 다물어지지 않았던 기억이 있다.

그들이 사람이 살지 않는 궁벽진 산골짜기에서 불편을 무릅쓰고 살았던 걸 보면, 혹시 그 친구들도 '순교자의 후손'이 아니었을까? 라는 의

문이 이제야 생긴다.

그 당시에도 나이가 좀 더 먹어보였으니 지금은 고희를 넘긴 할아버지가 되어서 천호성지 가까운 어디에 살고 있을지도 모르겠다. 3월 초순인 오늘은 가톨릭 문우회에서 사순절 피정을 했다. 천호공소에서 미사를 봉헌 후 점심식사를 하고서 '천호성지 품안길' 을 걸었다.

호남교회사연구소 부소장님이며 순례사목 담당자이신 이영춘 사도요한신부님의 안내로 순례길에 올랐을 때, 나는 맨 앞장에 서서 신부님의 말씀을 한 마디도 흘림 없이 열심히 들었다.

내 고향이 여산이지만 인접지역인 이 길은 처음으로 걷는다. 순례길의 주변과 멀리 보이는 촌락들이 모두 내 고향 땅이나 다름이 없다 싶으니 감회가 깊고 무엇 하나라도 허투루 보이질 않았다. 그 친구가 살던 집은 여길까 저길까, 아직도 흰 눈이 남아있는 골짜기들도 마찬가지이다.

품안길의 곳곳엔 주님께서 십자가에 매달려 죽음 직전에 말씀하셨던 '가상 칠언' 이 비석에 새겨져 있었고, 우리는 주님의 고통을 묵상하며 기도하는 마음으로 걸었다.

예수님은 전지전능하신 하느님의 아드님이시다. 죽은 지 나흘이나 되어서 부패된 냄새가 나던 '라자로' 를 살리셨고, 장님도 벙어리도 앉은뱅이 절름발이도 고쳐주셨고, 그분의 옷자락만 만져도 치유의 은총을 받을 수 있게 하시는 분이다.

물고기 두 마리와 빵 다섯 개로 오천 명을 먹이고도 열두 광주리가 남는 기적을 베푸신 주님이시다.

그런데 왜 십자가형을 받고 죽을 수밖에 없었을까? 이스라엘 민족들이 이집트를 탈출하여 광야를 떠돌 때, 물 한 모금조차 먹을 수 없는 사막에서 지팡이 끝으로 바위를 쳐서 생수를 마시게 하신 하느님의 아드님, 가장 무더운 낮 시간에 일부러 사람들이 나다니지 않을 시간을 골라서 우물에 물 길러 나왔던 죄 많은 사마리아 여인에게 영원히 목마르지 않을 영원한 생명수를 주신 예수님이 아니신가.

그런데 십자가에 참혹하게 매달려서

'아! 목마르다' 라고 절규하셨다.

여섯 시간 동안 십자가에 못 박혀서 물과 피와 땀을 흘리셨으니 생리학적으로 봐도 죽을 것 같은 극심한 목마름은 당연하시리라.

그러나 나의 견해로는 주님의 목마름은 하느님 아버지께 철저히 버림받으시고, 제자들도 모두 달아나는 등, 영혼의 갈증이 더욱 심하셨으리라.

나는 언제부터인지 어디에서 피정이 있다는 말을 들으면 여건이 허락하는 한 어디든지 찾아가서 말씀을 듣고 싶어했다. 아무 거리낌없이 자유롭게 피정하러 다니는 자매님들을 부러워도 했다. 지금 생각하면 영혼의 목마름이었다고 여겨진다.

평화방송 강론이나 복음 묵상 녹음테이프 듣기, 어디서 주최하는 피정이나 강론 말씀들도 한결같은 공통점은

'하느님을 사랑하고, 이웃을 내 몸처럼 사랑하라.' 는 내용이었다.

어느 부자 청년이 실망하고 떠난 것처럼, 사랑이란 머리에서 지식으로만 알고 있고, 마음속에 가슴 깊이 깨달았지만 몸으로 실천하시 못하는 사람에겐 항상 해소될 수 없는 목마름이란 걸 깨달았다.

예수님이 탄생하신 이스라엘 성지에 다녀왔다고 참 신앙인이 된 것도

아니요, 피정에 자주 못 간다고 믿음이 부족한 신앙인이라고 할 수도 없는 것이다.

가장 필요한 것은 첫째가 되고 싶은 사람은 자기를 스스로 낮추고 겸손한 마음으로 남을 섬길 줄 알아야 하고, 작은 일에도 항상 감사하며, 하찮은 작은 나눔이라도 실천하는 생활을 하는 자만이 진정한 평화가 있고 목마름이 없는 자유인이 될 수 있다는 걸 깨달았다.

지금까지의 나의 생활이 그렇지 못하여 주님을 목마르게 했으니 지금부터라도 주님의 말씀을 조금씩이나마 몸으로 실천하는 신앙인이 되어보려고 노력하리라.

그리하여 주님이 주시는 영원한 생명수를 마시고 내 영혼의 목마름이 해소될 수 있기를…….

지혜로운 사람

오늘의 묵상으로는 '다윗과 골리앗의 대결' 에 대하여 생각해 봤다. 오늘날의 '팔레스타인' 을 예전엔 '필리스티아' 라고 불렀단다. 이스라엘과 필리스티아는 옛날부터 골이 깊은 원한을 가진 관계라고 한다.

다윗은 눈매가 아름다운 소년일 뿐 양치는 목동에 불과하고 골리앗은 구 척 장신에 용맹한 장수로서 대적할 사람이 없을 만큼 두려운 존재였다. 골리앗이 대군을 이끌고 이스라엘을 쳐들어왔을 때 이스라엘의 왕과 모든 사람들은 두려워서 어쩔 줄을 모르고 벌벌 떨었다 한다.

이때 양치기 소년인 다윗이 나서서 사울왕에게,

"아무도 저자 때문에 상심해서는 안 됩니다. 임금님의 종인 제가 나서서 저 필리스티아 사람과 싸우겠습니다"

"너는 저 필리스티아 사람에게 마주나가 싸우지 못한단다. 저자는 어렸을 적부터 전사였지만, 너는 아직도 소년이 아니냐?"

"사자의 발톱과 곰의 발톱에서 저를 빼내주신 주님께서 저 필리스티아 사람의 손에서도 저를 빼내 주실 것입니다."

그제야 사울왕은 다윗에게 허락하였다.

"그러면 가거라. 주님께서 너와 함께 계시기를 빈다."

다윗은 자기의 막대기를 손에 들고, 개울가에서 매끄러운 돌멩이 다섯 개를 골라서 메고 있던 양치기 가방 주머니에 넣은 다음, 손에 무릿매 끈을 들고 그 필리스티아 사람에게 다가갔다.

골리앗도 방패 병을 앞세우고 나서서 다윗에게 점점 가까이 다가왔다. 그가 다윗을 보니 볼이 불그레한 아름다운 소년이므로 얕보는 마음으로 가소로워서,

"막대기를 들고 나에게 오다니, 내가 개란 말이냐?"

하고는 자기 신들의 이름으로 다윗을 저주하며,

"이리 와라. 내가 너의 몸을 하늘의 새와 들짐승에게 넘겨주겠다."

그러자 다윗이 필리스티아 사람에게 이렇게 맞대꾸하였다.

"너는 칼과 표창과 창을 들고 나왔지만, 나는 네가 모욕한 이스라엘 전열의 하느님이신 만군의 주님 이름으로 나왔다. 오늘 주님께서 너를 내 손에 넘겨주실 것이다. 나야말로 너를 쳐서 머리를 떨어뜨리고, 오늘 필리스티아인들 진영의 시체를 하늘의 새와 들짐승에게 넘겨주겠다. 그리하여 하느님께서 이스라엘에 계시다는 사실을 온 세상이 알게 하겠다. 또한 주님께서는 칼이나 창 따위로 구원하시지 않는다는 사실도 알게 하겠다. 전쟁은 주님께 달린 것이다. 그분께서 너희를 우리 손에 넘겨주실 것이다."

골리앗이 다윗을 향하여 점점 가까이 다가오자, 다윗도 그를 향하여 날쌔게 달려가며 주머니에 손을 넣어 돌 하나를 꺼낸 다음, 무릿매질을 하여 골리앗의 이마를 맞혔다.

돌이 이마에 박히자 그는 땅바닥에 얼굴을 박고 쓰러졌다.

다윗은 달려가 그의 칼집에서 칼을 뽑아 그를 죽이고 목을 베었다. 필리스티아인들은 저희 장수가 죽은 것을 보고 모두 달아났다.

성경책에서 이 이야기를 묵상하면서 인간은 정말 하잘 것 없는 작은 존재이므로 하느님께 온전히 의탁하여 자신을 한없이 낮추어야 한다는 걸 깨달았다. 골리앗이 입은 철갑옷의 무게는 엄청나게 무겁고 튼튼하여 화살도 뚫지 못할 정도라는데, 어린 소년의 돌팔매질 한 방에 거꾸러지는 걸 보아도 골리앗의 자만심이 그를 망하게 했음을 알 수 있다.

'저 따위 젖비린내 나는 게 감히 나와 겨루어 보겠다고? 배꼽이 웃을 일이구나.'

제 잘난 맛에 상대방을 가소롭게 생각하니 대응 자세를 취할 필요도 못 느꼈겠지. 하지만 무방비 상태의 골리앗은 맞추기 쉬운 과녁판이 된 것이다.

만일 골리앗이 긴장하는 마음으로 소년의 몸놀림을 주시하고 적절히 대응했더라면 그렇게 쉽게 무너지진 않았을 게 아닌가. 하느님이 함께 해주시는 사람에겐 무한한 능력이 있음을 알 수 있겠다.

아름다운 눈매를 가진 어린 소년 다윗에게 하느님이 함께해주시니 이스라엘의 사울왕과 모든 군인들이 그토록 두렵게 생각하던 장수 골리앗을 돌팔매질 한 방으로 쓰러뜨릴 수 있는 영웅이 된 것이다. 그러나 하느님이 함께해주시는 사람은 두려울 게 없는 것이다. 내가 어떤 일을 이루고자 무진 애를 써도 뜻대로 안 되는 일을 수없이 경험했다.

그런데 꾸준한 기도와 간원으로 내가 할 수 있는 한 최선을 다해 노력한 일들은 당장 내 눈앞에서 속 시원한 결과가 보이진 않았어도 살다 보면 나의 간원대로 잘 이뤄졌음을 경험했고, 오히려 내가 바라던 것 이상으로 더 좋은 걸 주신 하느님께 감사 기도를 드린 일이 많다.

그러므로 항상 자신을 낮추고 겸손한 마음으로 하느님의 뜻을 구하며 믿고 바라는 자가 지혜로운 사람이라고 할 수 있을 것이다.

잃어버린 묵주

새벽 일곱 시쯤에 밖을 내다보니 이미 택시가 와서 대기하고 있었다. 기사님과 함께 동지 팥죽을 한 그릇씩 먹은 후 떠나기 전에 손자와 손녀를 안아주며 뽀뽀를 했다.

눈물이 나왔다. 이 어린것들을 두고 어찌 발길이 떨어질까.

'주님, 이 어린것들을 불쌍히 여기시고 늘 함께 계시며 안전하게 지켜주시고 바른 길로 인도하시며 늘 보호하소서. 이 가족들이 하루속히 한데 모여 살 수 있도록 자비를 베푸소서.'

석 달 만에 돌아가겠다고 하며 미국에 왔는데 어느 덧 아홉 달이 지났다. 귀국 비행기표를 받고도 정말 가게 되는 것인지 실감이 안 났는데 드디어 오늘은 떠나게 된 것이다. 아무리 바빠도 그동안 고맙게 해주신 루시아 형님 댁에는 들러서 작별인사를 드리고 가야할 것 같아서 택시를 타고 그 댁 앞에 내려서 인사를 드렸다.

전에도 몇 차례 이용해서 이젠 낯이 익은 택시 기사님의 이야기를 들으며 묵주기도를 하다 보니 어느덧 한 시간 반이 지나서 뉴욕 케네디 공항의 대한항공사에 도착되었다.

대한항공 프레스티지 석의 자리는 참으로 편리했다. 의자가 침대처럼 완전히 펼쳐지기도 하고 자기가 원하는 각도로 자유롭게 사용할 수 있게 편리했다. 스튜어디스의 서비스도 매우 세심하고 친절하였다. 사위의 배려로 이런 고급 석에서 비행기를 탈 수 있음을 감사하게 생각했다.

이런 좌석은 왕복으로 사오백만 원이나 주어야 한단다. 우리 옆의 좌석엔 임산부인 듯한 젊은 부부가 있고 그 주변이나 뒷좌석에도 대부분 젊은이들이 탔다. 우리와 비등한 연령층은 별로 보이지 않는데 비지니스맨들이 주로 이용하기 때문일까?

우리 내외는 건강이 안 좋아서 안정된 분위기에서 가기 위해 고급 석을 비싼 돈으로 가지만, 저들은 평소에도 자주 이용하는 부잣집 사람들인가 보다.

비행기 안에서 남편의 건강이 안 좋아지면 어쩌나 싶어 많이 걱정했는데, 두 시간 간격으로 혈압 체크를 했으나 70에서 80사이의 안정된 맥박이 유지되었다.

비행기가 전혀 요동이 없고 편해서 그런가 보다. 호흡도 편하고 답답증도 없다 하니 안심이 되어서 기분이 좋았다. 너무 감사한 일이다. 참으로 마음이 편하고 은혜로웠다. 손에서 묵주를 떼지 않고 계속 기도하며 왔는데 잠에서 깨어 찾아보니 묵주가 안 보인다. 잠들었을 때 놓쳤

나 본데 아무리 찾아도 없다. 바닥의 카페트가 묵주의 색깔과 똑같이 푸른색이어서 손바닥으로 쓸어보기도 하고 의자 사이에 끼었나 싶어서 샅샅이 찾아보았으나 여전히 없었다. 손녀가 다니는 유치원의 할머니 수녀님이신 '아그네스' 수녀님께서 주신 묵주인데 어디에 떨어뜨렸을까,

내가 무얼 잃어버리고 찾고 있는 듯한 눈치를 챘는지 여 승무원이 오더니,

"무얼 잃어버리셨어요?"

하고 묻는다.

나는 묵주를 잃어버렸다는 말을 하기가 쑥스러워서,

"별 것 아녜요. 사실은 잠든 새 묵주를 떨어뜨린 것 같은데 아무리 찾아봐도 없군요. 값비싼 물건은 아니지만 저에겐 중요한 의미가 있는 물건이라 꼭 찾고 싶어서 혼자 조용히 찾아보려 했는데 안 보여요."

나의 말을 들은 스튜어디스가 여기저기 또 찾아보았으나 여전히 없었다. 그냥 말기엔 너무 아쉬워서 승무원들에게 찾으면 우리 집으로 보내 주시라고 주소를 적어서 소포 우송료와 함께 드렸다.

"손님의 좌석 번호를 알고 있으니 비행기 청소할 때 기사님께 특별히 부탁드려서 의자를 분해하여 샅샅이 찾아보도록 할게요. 찾기만 하면 돈은 안 주셔도 저희들이 꼭 보내드리겠습니다."

집으로 돌아온 지 거의 한 달이 가까워오는데 묵주는 돌아오지 않는다.

'혹시 무릎을 덮었던 모포속에 딸려 들어갔을 수도 있는데 모포를 훨훨 털어 볼 걸,'

이태리 분인 인자한 수녀님께서 자기가 사용 중이던 묵주를 주신 건데 잃어버리다니……,

지난 구월에 어미가 필라델피아로 학회에 참여하러 가게 되었을 때 손녀를 유치원에 데리고 다닐 사람이 없어서 일주일이나 결석해야 할 사유를 말씀드렸더니 우리 손녀를 많이 사랑해 주시던 흑인 수녀님이신 '제신타 수녀님' 께서,

"내가 주현이를 아침에 데려가고 오후에 집으로 데려오면 되겠네요."

"죄송하지만 그럴 수만 있다면 고마운 일이지요."

그래서 수녀님 두 분이 일주일 동안 매일 우리 손녀를 통학시켜주셨다. 아주 활달하고 의욕적이신 제신타 수녀님께서 운전을 하셨고 아그네스 수녀님은 늘 함께 와주신 연세 많으신 수녀님이신데, 늘 손에 묵주를 들고 계셨다.

"저도 가톨릭 신자입니다. 본명이 율리아나이지요."

"오, 그래요. 반갑습니다."

내가 영어가 서툴러 대화는 할 수 없어도 사랑하고 존경하는 눈빛이나 고마워하는 마음은 통했는지 그분들도 만날 때마다 퍽 다정하고 반갑게 포옹해주셨다.

어느 날은 내가 수녀님의 묵주를 유심히 바라보고 있으니,

"이 묵주를 줄까요?"

"예, 수녀님. 고맙습니다."

수녀님께서 얼마나 오랜 세월 동안 사용하신 묵주인지 반들반들한 손때 묻은 푸른색 묵주를 받은 후부터 나는 그걸 자주 사용하며 기도드렸다. 평생 동안 간직해야 할 보물을 잃어버린 섭섭함은 금할 수 없으나

'누군가의 손에서 사랑받으며 잘 사용되게 해주세요.' 라고 기도드리며 아쉬운 마음을 달랠 수밖에 없었다.

창 밖을 내다보니 설원이 계속된다. 비행 안내 지도를 보니 러시아의 상공을 날고 있었다. 눈에 덮인 시베리아 벌판을 내려다보면서 카추샤를 생각했다. 러시아는 하얀 눈으로 덮여 있었다.

알라스카 산맥과 베르호얀스크 산맥 등 여러 산맥들이 비행기에서 내려다보니 인체의 뼈들처럼 골격이 선명하게 드러나는 것이 신기했다. 오호츠크해 연안이 한동안 눈에 들어오더니 중국의 상공을 날던 비행기는 23일 오후 다섯 시 사십 분에 인천공항에 착륙했다.

사위가 휠체어 서비스를 부탁해서 비행기를 탈 때도 케네디 공항의 흑인 여직원이 여러 가지 수속을 편리하게 도와주었는데, 내릴 때도 인천공항의 젊은 청년 직원이 짐들을 찾아서 운반해 주고 대여했던 휴대폰도 무사히 반납할 수 있도록 돕고 사위를 만날 때까지 잘 돌봐주었다.

노인이나 환자들을 위해서는 반드시 필요한 고마운 휠체어 서비스였다. 마중나온 둘째 사위를 보는 순간 반가우면서도 좀 야위어 보여서 가족들과 떨어져 기러기 아빠 신세인 그가 안쓰러운 마음이 들었다.

저들이 하루속히 모여서 성가정을 이루며 살 수 있기를 하느님께 기도드렸다.

남편은 둘째 사위와 함께 병원으로 가고 나는 짐이 많아서 전주로 내려오니 큰사위가 마중을 나와서 무사히 집으로 돌아왔나.

손자와 손녀 그리고 큰딸이 반가히 맞아주었다. 드디어 한국의 내 집으로 돌아온 게 꿈인 듯 실감이 안 났다. 선물을 받고 좋아하는 가족들을 보니 내 마음도 흐뭇했다.

'아!~오늘이 독일에 있는 손녀의 첫돌인데 축전도 못 보내고 경황없이 지냈구나.'

주님, 우리 손녀 송현이의 첫돌이 되었습니다. 건강하고 착하게 슬기롭고 예쁘게 잘 자라서 모두에게 기쁨을 주고 주님의 사랑 듬뿍 받는 귀한 일꾼 되도록 도와주소서. 그리고 송현이의 아빠 엄마와 오빠에게도 큰 기쁨과 축복을 주소서.

먼 이국 땅 독일에서 가족들이 모두 건강하고 행복한 성가정 이루며 기쁘게 살게 하소서. 우리 주 그리스도 이름으로 비나이다. 아멘.

주님 안에 우리 모두 한 마음

내가 가톨릭 신자가 된 지도 어느덧 사십여 년의 긴 세월이 흘렀다. 일반적으로 개신교 신자들에 비교하여 가톨릭 신자들은 인정이 없다고 한다. 같은 성당에 다니는 신자 사이에도 기본적으로 친근감은 가지고 있으나 서로 표현을 안 하고 말을 아끼는 편이랄까? 같은 여자끼리도 웃으면서 인사말을 나누고 나면 더 이상 할 말이 없다. 10년이 지나도 말 한 마디 안 건네 본 교우들이 대부분이다. 그래서 레지오 마리애 단원이 되거나 각종 신심 단체에 들지 않으면 자칫 소외감을 느끼기 쉽다.

그런데 우리 성당에서 '성서 백주간' 을 시작하면서 교우 사이에 지금까지 경험하지 못한 끈끈한 유대감을 갖게 된 것이 참으로 좋았다. 우리 '모세반' 은 나이가 사십대에서 칠십대 사이의 자매들 십여 명으로 구성되었다. 평소엔 좀처럼 어울릴 기회가 없는 분들이다. 처음 모였을 땐 성경 공부를 어떤 식으로 하게 될까 궁금했다. 하느님 말씀을 중심으로 만나게 된 우리들이니 저마다

'이번엔 성경을 제대로 잘 읽고 그 동안 몰랐던 것들을 많이 배워야지.'

라는 기대감을 갖고 있었을 것이다.

팀장인 K자매님은 얼핏 보아선 아주 앳되어 보였으나 대학생 자녀들을 둔 성숙한 신앙을 가진 분이었다. 팀장님이 먼저 성경말씀을 읽고 마음에 와 닿는 내용에 대하여 눈물을 글썽이며 고해성사 보듯이 진솔하게 털어놓고 사생활에 대하여도 고충을 숨김없이 말하며 하느님의 은총을 간구하는 걸 듣는 순간

'아! 이 시간엔 가식을 벗어던지고 누구나 맨얼굴 모습으로 가슴을 열어젖히고 임해야 되겠구나.'

라는 느낌을 강하게 받았다. 앞으로도 이러한 시간이 이어지리란 예감을 하니 내심으로 참 기뻤다.

가장 큰언니이신 S자매님은 그 주간에 읽은 성경에 대한 느낌을 공책에 꼼꼼하게 적고 우리에게 읽어주신다. 홀어머니의 정성으로 오 남매를 훌륭하게 길러 사회의 장한 일꾼들이 되게 한 장한 어머니이시다. 오로지 주님을 남편처럼 믿고 의지하며 살아온 일생이셨다. 난 이 자매님을 볼 때마다 존경과 사랑을 느낀다.

우리 팀에는 나의 딸들보다 어린 자매님들도 여럿이 있는데,

"이번 주엔 시댁과 친정에 복잡한 일들이 생겨서 성경도 못 읽었는데 오고 싶어서 왔어요."

하며 좋았던 일이나 속상했던 일들을 격의 없이 털어놓으며 하느님께

서 잘 도와주시길 기도하는 모습을 볼 때 귀엽고 사랑스럽기까지 하였다.

'나의 딸들은 이런 곳에도 못 오고, 주일 미사 참례도 겨우 하는 정도인데……' 안타깝고 답답한 마음이다. 성당에 열심히 다니며 봉사활동도 잘 하고 이런 모임에서 자기의 답답한 속을 드러내놓고 기탄없이 훌훌 털어서 표현하는 그들이 부러웠다.

어떤 자매님이 "남편 혼자 돈벌이 하느라 애쓰는데 나도 일을 해서 아이들 학원비라도 벌어야 할 것 같아요." 라고 하여 우리 팀은 낮에 하던 성경 공부를 밤으로 옮겨서 하였다. 열심히 살아보려 노력하는 젊은 이들이 아름답게 보였고, 그래서 성서 백주간이 더 소중한 시간으로 여겨지고 기다려졌다.

그러고 보면 나는 어떤 사람일까, 별로 든 것도 없으면서 체면치레를 중히 여기고, 걱정 근심이 있어도 드러내놓고 말 한 마디도 못하고 속으로만 가슴앓이 하는 못난이다.

나도 팀장님처럼, 큰형님처럼, 귀여운 딸 같은 자매님들처럼 나의 속내를 고스란히 드러내놓고 좋은 일 나쁜 일, 슬픈 일, 기쁜 일 모두 남김없이 말하고 싶다. 그러나 '주님, 저를 불쌍히 여기소서. 이 죄인에게 자비를 베푸소서.' 라는 말만을 입버릇처럼 한다.

주님께선 두 팔을 벌리시고 항상 나에게 자기중심적인 이기심과 교만함, 서 푼도 안 되는 자존심을 모두 비워버리고 낮아지라고 하신다.

자기 자신이 만들어서 제 어깨에 얹어 놓은 무거운 짐을 내려놓고 가벼워지라고 하신다.

남에게 대접을 받고 싶으면 먼저 남을 대접하고, 겸손하고 낮은 사람이 되라고 말씀하신다. 나의 마음이 하느님 마음인지, 하느님 마음이 내 마음인지 구분이 안 갈 만큼 자신을 죽이고 또 죽이라고 하신다. 이 세상에 걸레가 없으면 어떻게 될까. 자신을 걸레처럼 가장 낮은 곳으로 내려가라고 하신다.

성모님의 인내심을 닮아 보겠다고 기도를 하였으나, 나도 모르는 새 화를 내고 받은 것보다 더 크게 갚아주고 싶어하는 자신을 보면서 오늘도 실패한 하루임을 자탄한다.

"주님, 제가 부족하지만 다시 일어나서 시작할 수 있는 용기를 주소서. 자기 자신을 포기하고 좀 더 순수한 철부지 어린이와 같은 믿음을 갖게 하소서. 그리고 성경 말씀 안에서 참 기쁨과 평화를 누리게 하소서."

사람은 어떻게 사는 게 잘 사는 것일까? 직장 일에 가정사에 치여서 자기 자신을 돌아보지도 못하고 사는 사람, 바쁜 중에도 직장일 끝난 후 잠깐씩 성당에 들러서 성체 앞에서 단 5분만이라도 자신을 돌아보며 사는 사람, 가정에 충실하며 자녀들 잘 돌보고 매일 미사 다니며 시간을 내어 봉사활동도 잘하는 사람…….

내가 언제나 즐겨 암송하는 시편 18장 3절 '주님은 저의 반석, 저의 산성, 저의 구원자, 저의 하느님, 이 몸 피신하는 저의 바위. 저의 방패, 제 구원의 뿔, 저의 성채이십니다.'

이 말씀은 내가 한평생 사는 동안 힘들고 어려울 때마다 희망과 용기를 주셨다.

신앙인들은 기쁠 때나 슬플 때나 우리 곁에 계시는 하느님께 온전히 의탁하며 힘을 재충전할 수 있으니 얼마나 든든하고 좋은가. 요한(6장1

절-15절)의 말씀처럼 어린 소년이 그날 자신이 먹기 위해 준비해온 물고기 2마리와 보리빵 5개를 주저함이 없이 온전히 봉헌할 수 있는 믿음을 가졌기에 예수님께서도 오천 명을 먹이고도 12광주리가 남을 만큼 큰 기적을 베풀 수 있었다고 한다.

나도 그 어린이처럼 주님을 믿으면 기적이 일어날까? 평범한 나의 일상생활 속에서도 주님의 기적은 끊임없이 이어짐을 느낀다. 나처럼 부족한 자식이 백 세 가까운 어머니를 모시는데도 별 탈 없이 잘 지내시니 기적이요, 어머니는 맑은 정신으로 식사 시간도 아끼며 묵주기도를 열심히 많이 바치시는 모습도 신비로운 기적이다.

신앙의 선조들처럼 목숨 바쳐 신앙을 지키지는 못할망정,

'남들이 너에게 해주기를 바라는 것처럼, 너도 그렇게 해주어라.'

라고 하신 말씀 따라 철부지 어린이 같은 믿음으로 살기 위해 노력해야겠다.

4부 축제

야생 동·식물의 천국 '우포늪'

— 창녕지역 문화유적 답사기

화창한 봄날에 처음으로 문화유적 답사반의 일원이 되어 아침 8시에 전주를 출발했다. 오늘은 창녕지역의 문화유적을 돌아본단다. 내가 좋은 일을 시작했다는 뿌듯함이 느껴졌다.

달리는 버스 안에서 바라보니 산들도 기지개를 켜고 일어나 푸른 기운을 마음껏 토해낼 준비를 하고, 아직 파종을 못한 전답들은 반듯하게 가르마를 탄 채 씨앗만 넣어주면 곧바로 싹을 틔울 만반의 준비를 하고 기다린다.

4월의 산은 참 아름답다. 붉은 볼을 가진 어린아기의 귀엽고 사랑스러운 얼굴처럼 여리고 청순하고 사랑스럽다. 산 전체가 봉올봉올 피어나는 꽃봉오리처럼 희망을 느끼게 한다. 꽃보다 어여쁜 연둣빛 산에 갖가지 산꽃들이 피어나는 산이 좋아서 나는 수양버들 피어나는 이때면 버스를 타고 한없이 달리고 싶다. 우리나라는 참으로 아름다운 금수강산이다.

이 여행은 버스 안에서도 대화의 내용이 우리나라의 문화유적에 대한 것들인 점이 특색이다. '완산주' 는 전주의 옛 지명으로만 알고 있었는데, 원래는 신라 진흥왕 16년에(지금의 창녕에) '완산주' 를 설치하여 군사령부를 두었다가 10년 만에 폐지하였고, 그 후 신문왕 때 지금의 전주에 '완산주' 란 지역 명을 다시 사용했다 한다. 또한 '비사벌' 역시 '창녕' 지역의 옛 이름이란다.

일행 중에는 우리의 문화를 사랑하고 늘 관심 있게 조사 연구하는 분들이 계시니 단편적인 지식이나마 공유할 수 있어서 좋았다. 생각이 그리 미치니 동행하는 남녀 회원들이 모두 그러한 분들처럼 여겨져 존경스런 마음이 든다.

맨 먼저 '창녕 영산 호국공원' 에 들러 남천 위에 놓은 무지개 모양의 홍예교를 보았다. 이 다리는 보물 제564호인데 선암사의 승선교와 흥국사의 홍교, 벌교의 홍교 등과 더불어 조선 후기 남부지방의 홍예교 구축 기술을 보이는 예로서 학술적인 가치가 크다고 한다. '영산 만년교' 라고 다리 이름을 쓴 사람은 13세의 어린 소년이라 하니 다시금 쳐다보았지만, 어린 사람의 솜씨로는 믿기지 않을 만큼 매우 힘 있고 완벽한 필치였다. 영산 석빙고는 보물 1739호로 18세기 중엽에 현감 윤이일이 축조한 것으로 추정된다고 한다. 옛날 신라시대부터 왕실에서는 겨울에 강에서 채취한 깨끗한 얼음을 석빙고 안에 저장했다가 여름 한더위에 사용했다고 알고 있다. 학창 시절에 경주로 수학여행 갔을 때 대충 본 일은 있지만, 오늘처럼 가까이에서 자세히 살펴보기는 처음이다.

석빙고의 구조는 들어가는 입구가 높고, 뒤로 갈수록 낮은, 전체적으로 둥근 모양으로 되어 있었다. 내부는 큰 돌로 쌓은 네모진 형태이다. 밖에서 보면 무덤처럼 보이지만 땅을 깊게 판 다음 안쪽 벽은 돌로 쌓고, 바닥은 경사지게 만들어 물이 빠지도록 되어 있다. 천장은 석재로 무지개 모양으로 쌓아올렸고 환기구멍이 있었다. 현재 경주, 안동, 창녕, 청도, 현풍, 영산 석빙고 등이 남아있고 모두 국가의 보물로 지정되어 있단다.

창녕군 영산면 죽사리에는 '문호장' 이란 초인적인 신통력을 가진 인물이 마을의 못가에서 살았단다. 말을 잘 타고 활과 검술에 능하며 도술과 축지법도 사용하는 걸출한 인물인데, 당시 관에 억눌린 백성의 편에 서서 억울한 평민을 도왔기에 영웅이요 신인으로 세간에 내려오는 전설적인 인물이란다. 자손이 없는 그의 제사를 지내는 풍습이 360여 년 전부터 이어오고 있단다. 바위에 찍힌 그의 발자국은 사람의 발자국이 아니라 공룡의 발자국처럼 커서 놀라움을 금치 못하였다. 점심은 주변 경관이 유별나게 청정하고 아름다운 한식집에서 맛있게 먹었다. 요즘은 우리나라 어디에 가든지 음식들이 맛있어서 참 좋다.

창녕읍 동쪽 목마산 부근에는 송현리 구릉에서 북쪽 교리에 걸쳐 가야 시대의 무덤들을 볼 수 있다. 본래 사적 80호의 교동 고분군과 사적 81호의 송현동 고분군은 분리되어 있었으나 2011년 7월 문화재청이 역사성과 특성을 고려하여 두 고분군을 통합하여 사적 제 514호로 재지정하였단다. 말하자면 공동묘지인 셈인데 우리 일행이 현장답사를 하는 내내 그런 생각은 전혀 안 들고, 화창한 봄볕을 받으며 조롱조롱 정답게 누워 있는 평화로운 동산을 산보하는 느낌이었다.

교동의 창녕박물관 일대에 무리지어 있는 가야 시대의 고분군은 동쪽에 80여 기, 서쪽에 70여 기 그리고 남쪽과 북쪽에도 다수 있다고 들었다. 그 중에서 7호 고분은 넓이 40m, 높이 10m, 길이 9m, 폭 7m로 가장 큰 무덤인데 일제강점기인 1818년에 발굴하여 금동관, 귀걸이, 은제 허리띠 등, 유물 700여 점이 마차 20대 분량(화차로는 2대 분량)이나 출토되어 일본으로 가져갔단다.

소중한 우리 조상님들의 문화유산을 일제가 제 나라에다 옮겨 놓고서 저희 것인 양 여기저기에 진열해 놓고 자랑하고 있는 가증스러운 사실이다. '도쿄 오쿠라 슈코칸' 은 일제강점기에 빼앗긴 우리 문화유산이 가장 많이 있는 곳이란다. 그곳 정원에는 두 개의 아름다운 탑이 방문객을 맞이하는데 그것도 조선에서 가져간 탑들이란다. 한일합병 후 36년간 우리의 문화 말, 글, 도서, 그림, 탑, 도자기, 등등 좋은 것은 다 가져가고, 불태우고 파괴하고 약탈당하며 지낸 부끄러운 역사이다. 지금도 독도를 저희 땅으로 만들려고 교과서조차 왜곡하는 그들을 생각하면 피가 거꾸로 솟는 의분감이 느껴진다.

우포늪은 창녕군 대합면 주매리와 이방면 안리, 유어면 대대리, 세진리에 걸쳐있는 2,313㎢의 끝이 보이지 않는 광활한 늪지이다. 수많은 동 · 식물들의 삶의 터전이며 휴식처인 우포늪은 물이 흐르다 고이는 오랜 과정을 통하여 다양한 생명체를 키우는 보고이기도 하다. 늪지란 한마디로 물에 젖어 있는 땅, 물이 주변의 자연환경과 더불어 살아가는 동 · 시물이 생태를 조절하는 주된 역할을 하는 곳으로 물도 아니고 땅도 아닌 지역을 의미한다.

이런 늪지는 물가에 사는 새들을 비롯한 다양한 생물이 살아갈 수 있는 공간이 된다. 우포늪 주변을 이루고 있는 퇴적암층에서 약 1억 2천 만 년 전에 살았던 공룡의 발자국 화석과 빗방울 무늬 화석, 곤충 화석이 발견되어 우포늪은 태고의 신비를 간직하고 있다고 알려지게 되었다. 우포 늪지에는 가시연꽃을 비롯하여 부들, 창포, 갈대, 줄, 골풀 등 480여 종 식물류와 물방개, 연못 하루살이. 왕잠자리, 장구애비, 소금쟁이 등 55종의 수서 곤충류, 두더지, 족제비, 너구리 등 12종의 포유류와 뱀장어, 피라미, 잉어, 붕어, 메기, 가물치 등 28종의 어류 그리고 논병아리, 쇠백로, 중대백로, 왜가리, 큰고니, 청둥오리 등 62종의 조류가 살고 있는 국내 최대의 내륙 습지이고 생태 보전지역이다.

우포늪은 육지로 변화되어 가는 중간 단계로서 각종 생물들의 종류도 다양하며 지구상에서 가장 생명 부양력이 높은 습지이므로 환경부에서 생태계 특별 보호 구역으로 지정하였으며, 1998년 3월에 '람사르' 협약 보존습지로 지정된 것이다. 람사르 협약의 습지 요건은 자연적이든, 인공적이든, 영구적이든, 일시적이든, 물이 고여 있든지, 흘러가든지, 담수이든, 소금기가 조금 있든, 염수이든 물이 완전히 빠지는 간조 시에 물의 깊이가 6m 이하인 지역이라고 한다. 요즘 개발이란 이름으로 국내의 많은 늪이 사라지고 이젠 늪의 모습을 갖추고 있는 곳은 이 곳뿐이란다.

오늘은 참으로 뜻깊은 문화유적 답사를 하여 보람을 느낀 좋은 날이다. 진즉 이와 같은 일에 관심을 가졌더라면 좋았을 텐데, 이제라도 시작한 것이 다행스럽다. 함께한 모든 회원들에게 감사를 드린다.

아름다운 동백섬 지심도

신록이 꽃보다 아름다운 5월 5일 어린이날인 오늘은 매우 화창한 봄날이었다.

소녀처럼 설레는 가슴을 안고 남편과 함께 전북수필 문학기행 대절버스에 올랐다.

목적지는 경남 거제도의 지심도와 포로수용소 유적 공원이다. 외도는 두어 차례 가 보았지만 지심도는 처음이고, 평소에 '포로수용소에 한번은 가보고 싶다.' 라는 생각을 갖고 있었기에 자못 기대가 컸다.

우리나라는 사철이 아름다운 금수강산이지만, 그 중에서도 봄꽃들이 만발한 산과 들을 바라보며 달리는 버스 여행을 나는 참 좋아한다.

연둣빛 새 옷으로 갈아입은 산과 들에 갖가지 꽃들이 울긋불긋 피어 있고 푸른 보리밭 위로 종달새 노래하고 아지랑이 보오얀 들판에 실개

천이 흐르는 풍경을 하염없이 바라보고 있노라면 나의 가슴은 환희로 가득 차고 행복하다.

전주에서 7시 50분에 출발하여 통영을 거쳐 신거제대교, 옥포, 대우조선해양, 장승포항으로 이어지는 여정이었다.

외도에 가느라 두어 번 이쪽에 와본 일이 있는데도 생소한 느낌이 들었다. 건조 중인 큰 배와 컨테이너들이 여기저기 보이니 '아! 이곳이 그 이름도 자랑스러운 대우 조선소가 있는 거제도이구나!' 싶었다.

이른 점심을 먹은 후 열두 시쯤 장승포항에서 남동쪽으로 5㎞ 정도 떨어져 있다는 지심도행 여객선을 탔다. 배를 타고 이십여 분 지나니 어느 새 '지심도'에 도착했다.

배에서 내려 보니 매우 깔끔하고 세련된 인상을 주는 선착장이었다. 오솔길을 따라 조금 올라가니 커다란 성모님상이 우리를 맞이하니 매우 반가웠다. 이곳에는 장승포 성당의 공소가 있다고 한다. 나는 가톨릭 신자이므로 성호를 긋고 '오늘 하루 우리 전북수필문학회원들이 즐겁고 보람찬 여행길이 되도록 이끌어주소서.' 라고 잠시 기도를 드렸다. 지심도의 형상을 위에서 내려다보면 한자어의 '마음 심' 자를 닮았다 하여 '지심도' 라는 이름을 갖게 되었단다. 그러나 사실은 동백섬이란 이름으로 더욱 널리 알려져 있다.

안내 지도를 보니 이 섬의 면적은 0.356㎡, 길이는 약 1.5㎞, 너비는 약 500m, 최고점은 97m, 해안선은 3.7㎡ 에 이르며 섬을 둘러보는 데 약 1시간 30분 정도 소요된다는 아주 작은 섬이었다.

현재 인구는 14가구에 20여 명이 살고 있는데 주민들 대부분이 낚시꾼들이나 여행객을 상대로 하는 민박을 운영하고 있으며 젊은이들은 대부분 도시로 떠난다고 한다.

오솔길을 따라 걷자하니 동백나무 숲이 터널을 이루어 햇볕이 거의 안 들어오는 편이니 여름철 피서에는 아주 좋겠다. 길 위엔 갓 떨어진 듯 보이는 동백꽃 송이들이 아직도 싱싱한 채로 여기저기 흩어져 있었다. 그 모습을 사진기에 담고 몇 송이를 주워서 소중하게 간직했다

'며칠 전에만 왔어도 이 숲에 피어있는 동백꽃들을 볼 수 있었을 텐데…….'

해마다 12월 초부터 피기 시작하여 이듬해 4월 하순경까지 섬 전체가 동백꽃으로 붉게 물이 든다니 얼마나 장관일까!

울창한 아름드리 동백나무와 후박나무 숲에선 동박새와 직박구리가 우리 일행을 환영한다는 듯 즐거이 지저귀고 있었다. 해묵은 고목이 된 원시림들이 울창한 이 섬은 태고적 신비를 그대로 간직한 채 자연의 위용을 꾸밈없이 드러내고 있는 천혜의 자연휴양림이다. 고목이 비바람에 못 이겨 늙은 몸을 어쩌지 못하고 가로로 누워 아취를 이루니 길손들은 그 아래로 지나다닌다.

'육지에서 오신 귀한 손님들을 이렇게 누워서 맞이하니 면목이 없다.'

고 말하고 싶은 마음을 대변이라도 해주는 듯 싱그러운 솔바람이 얼굴을 간지럽힌다. 오솔길을 따라 걷다 보면 민박집들이 보인다.

해안선을 따라 낚싯터가 11군데나 있다.

이곳에선 대나무와 그물을 이용하여 만든 '뜰채 낚시'가 이채로운 것 같다. 조상 때부터 지금까지 이 섬을 벗어나 본 적이 없다는 야생화 이가씨들의 귀여운 모습을 사진기에 담으며 걷다 보니 해안선 전망대에 이르렀다. 바다를 내려다보는 순간, 그리고 주변의 해안 절벽을 바라보

는 순간 저마다 감탄사가 절로 나온다.

"아! 이럴 수가! 이런 절경이……!"

할 말을 잃을 정도의 비경이었다. 쪽빛 바다와 해안 절벽 그리고 바위 사이사이에 기막히게 자생한 해송들!

운무가 감돌고 있으니 저는 가히 신선의 경지로구나. 시간 관계상 아쉬운 발길을 돌려 해안선 끝자락을 향하여 몇 발을 더 내려가니 계단이 있고 동박새 모양의 표지판에는 '그대 발길 돌리는 곳' 이라 씌어 있다. 자칫하면 낙화암의 삼천 궁녀가 될까 봐 조심조심 내려다보았다. 파도가 기기묘묘한 솜씨로 빚은, 아슬아슬하게 끊어질 듯 이어진 갖가지 형용의 절벽들을 의지하여 해송이 그림처럼 날렵하게 요소요소에 서 있는 게 일품으로 처연한 아름다움을 자아낸다. 오싹 소름이 끼칠 정도로 아름다운 비경이다.

용암 절벽이 마치 물둠벙처럼 둘러쳐진 아래, 뻥~뚫린 곳을 내려다보니 수십 길 낭떠러지 끝엔 새파란 수채화 물감을 풀어놓은 듯한 잉크 빛 바닷물이 거기에 있었다.

'아! 이럴 수가!'

그곳을 절대로 떠나기 싫었다. 사진기가 어떻게 저 정경을 담을 수 있겠는가! 그러나 '다음에 다시 또 오겠노라' 다독이며 발길을 돌릴 수밖에…….

외도를 꽃단장 곱게 한 새색시로 비유한다면, 지심도는 전혀 단장을 않고 있는 제 모습 그대로의 아름다움을 간직한 산골 처녀 같은 비경의 작은 섬이라고 말하고 싶다.

우리 일행은 오후 세 시쯤에 '거제도포로수용소 유적공원' 쪽으로 발길을 옮겼다. 나는 육이오 전쟁 때 초등학교 일학년이었다. 내 나름대로의 전쟁을 치른 경험이 있기에 그때의 일을 아직도 생생하게 기억하고 있다. 다른 무엇보다도 그 기억만은 지워지지 않는다.

포로들이 어떻게 생활하고 있었을까 대강 짐작은 되었지만, 오늘 처절한 동족상잔의 비극을 돌아보는 동안 내내 가슴이 답답하고 슬펐다. 저 수용소 안에 있었던 사람들의 비통한 심정을 그 누가 알 수 있으랴. 남북이산가족이 된 사람들의 고통을 그 누가 상상할 수 있으랴. 이 전쟁에서 조국을 위해 싸우다 몸 바치신 영령들에게 부끄러운 후손이 되지 말자.

그러므로 우리는 나라를 위해 충성을 다하고 더욱 영광스러운 조국을 후손에게 전해주기 위하여 최선을 다해야 한다.

6 · 25 같은 비극이 우리 조국에 다시는 일어나면 안 된다. 이 지구상의 어느 곳에서도 전쟁은 안 된다. 무슨 댓가를 치르더라도 그런 일만은 절대로 일어나선 안 된다고 자신에게 다짐 또 다짐을 하며 집에 돌아오니 저녁 8시였다.

오늘은 참으로 보람 있는 문학기행이었다.

버스 여행의 낭만

오늘은 10월 9일, 금빛 햇살 반짝이는 토요일 점심 무렵 레지오마리애 단원들과 더불어 숲정이 성당 바자회에 갔다. 들어서자마자 Y회장님께서 마이크로 어서 오라고 환영해 주셨다.

이곳에는 옛날 덕진 성당에 함께 다니던 자매님들이 여러 분 계시니 만나보려고 한 바퀴 둘러보니 남녀노소 모두가 맡은 코너에서 열심히 봉사하시는 모습들이 보기에 좋았다.

일행과 함께 모시 송편, 오뎅국, 육개장 등을 맛있게 먹은 후 이 금쪽같이 소중한 토요일 한나절을 어떻게 보낼까 궁리 끝에 코스모스 꽃길을 달려보리라 마음을 정했다. 다른 일행들은 할 일들이 많다며 집으로 향하고 나 홀로 김제 벽골제 쪽으로 가는 시내버스를 탔다. 가을이 손짓하니 마음은 소녀인 양 기대감으로 부~웅 뜨고 가벼워졌다.

"이 버스가 코스모스 꽃길을 지나갑니까?"

물으니 마음씨 좋아 보이는 어떤 분이 코스모스를 보려면 일단 금구에서 내린 후 김제 지역 시내버스로 갈아타야 한다고 말씀하셨다. 그래서 버스를 갈아타려고 사람들이 모여 있는 곳으로 갔다. 차를 기다리는 사람들은 연세 지긋하신 여인들이 대부분이었다. 잠시 무료한 시간이 흐르는 중에 무심코 그들의 대화를 들으니

"○○댁 입은 그 옷이 이쁘구만. 나도 그런 거 살라구 해도 없든디 어디서 샀능감?"

"으응 이거 서울 막냇동서가 지난 추석에 옴서 사왔지. 우리 동서는 시골에 올 때마다 옷도 잘 사다 줘. 봉투도 시숙한테 주고, 나 한테 주고 따로 따로 주던디. 그러고 우리 시동생은 지 각시 안 볼 때 즈 형헌티 용돈을 두둑히 따로 또 주어. 내려올 때마다 항상 그려."

그 소리를 듣는 주위의 노친네들이 부러운 듯한 눈길을 보냈다.

"형도 동생네헌티 그만큼 잘 헝께 그러지."

노인들의 대화를 들으니

'돌아가신 형님 내외분께 우리도 그렇듯 살뜰한 동생 노릇을 했던가?' 싶었다.

드디어 김제 시내버스가 왔다. 차는 김제평야를 이 마을 저 마을 요리조리 누비며 지났다. 벼들이 누렇게 익어가는 논두렁에는 콩들이 여물어 가고, 고구마를 캐는 손길이 바쁘다.

모락모락 김이 나는 호박고구마를 연상하니 어느덧 입속에선 군침이 돌았다. 탐스런 호박 덩이가 여기저기에서 햇빛을 받으며 졸고, 배추 한 포기에 일만 오천 원이나 했다고 금치라 부르는 김장거리들이 자라는 채소밭에선 농촌의 향수 냄새가 코를 찡그리게 한다.

버스가 가는 대로 바라본 김제평야는 참으로 풍요롭고 알찬 곡창지대

임을 제삼 실감했다. 드디어 코스모스가 양쪽으로 도열한 길을 달리게 되었다.

'아! 드디어 코스모스 길이다. 얼마나 보고 싶었는데 정말 반갑구나.' 올해는 코스모스의 키가 훌쩍 커서 더욱 예뻐 보였다.

나는 키가 작달막한 코스모스보다는 키가 큰 코스모스를 더 좋아하나 보다. 김제역 앞에서 셔틀버스로 또 갈아탔다.

벽골제가 가까워지니 하늘엔 애드벌룬이 떠 있고, 멀찍이부터 축제 분위기가 물씬 풍긴다. 벽골제 축제는 우리나라에서 몇 손가락 안으로 꼽는 큰 축제란 걸 증명하듯 주차장엔 대형버스들이 그득 차 있다. 현직에 있을 때 체험학습으로 어린이들과 함께 몇 차례 다녀간 벽골제이기에 크게 기대하는 바는 없었다.

그러나 축제장으로 들어서서 갖가지 소음과 인파에 섞이는 순간 나도 모르는 사이 내 마음도 부~웅 떠오르며 즐거워졌다.

농악대들이 여기저기 모여 있고 무슨 경연대회의 시작을 알렸다. 저 멀리 제방 쪽을 바라보니 파란 하늘 아래 굉장히 거대한 금빛 용 두 마리가 우뚝 솟아 있었다.

광장에는 전에 없던 청룡과 백룡이 길게 누워 입에선 간간이 불을 내뿜고 있다. 신기하여 용의 입에서 내뿜는 불길을 한참 동안 자세히 바라보았다. 잠시 후에는 이 용들이 「단야 아가씨와 두 마리의 용」이라는 마당극에 출연하여 싸우게 된단다.

벽골제 행사는 해가 거듭될수록 볼거리가 다양해지니 행복한 기대감으로 나의 마음도 하늘 높이 두둥실 떠오르는 듯했다.

글로벌 시대의 명품 축제

올가을은 어딜 가나 축제 일색인 것 같다. 제작년엔 대통령 서거로, 작년엔 신종플루 유행성 감기로 자제해온 축제가 올해는 한꺼번에 봇물이 터진 듯 하다. 무주에선 반딧불 축제, 정읍에선 구절초 축제, 단풍 축제, 한우 축제, 순창에선 고추장 축제, 익산에선 보석 축제 등등…….

지방자치 시대라 각 지방마다 자기 고장을 널리 알리려는 노력으로 후끈 달아오른다. 며칠 전 부여엘 갔더니 '대백제문화 부활전'이 열리고 있었다. 가장 인상적인 것은 백마강 강변에 코스모스를 몇 마지기나 심었는지 그 일대가 완전히 코스모스 꽃 들판이었다. 마치 광활한 억새밭이나 갈대밭들처럼 코스모스가 그렇게 피어 있었다.

그날 학창 시절 친구들이 부부동반으로 갔었는데, 평생 동안 보아 온 코스모스를 다 합한 것보다 훨씬 더 많은 코스모스꽃 구경을 한꺼번에

했다.

오늘은 토요일 청명한 가을 금빛 햇살이 나를 유인하여 어쩌다 보니 김제 지평선 축제장으로 발길을 옮기게 되었다. 아마 TV에서 얼핏 들었던 1,233m나 되는 가장 긴 인절미를 만들어 기네스북에 도전한다는 말 때문에 호기심이 동했나 보다.

그리고 벽골제 가는 도롯가의 코스모스 꽃길이 보고 싶은 마음이 크게 작용했으리라. 올해는 제12회 지평선 축제란다. 이 지역 사람들은 올해의 지평선 축제를 글로벌 시대의 명품 축제로 업그레이드 시키려 단단히 벼른 것 같다.

10월 6일~10일 사이 5일간에 걸쳐 7개 분야에서 77개의 프로그램을 마련하였단다. 그 중에서도 가장 거창한 것은 연날리기 대회인 것 같다. 500여 개의 연을 하늘에 날렸다니 얼마나 장관이었을까! 푸른 하늘의 창공이 온통 연투성이였으리라.

난 그날 안 왔으니 못 보았지만 말이다. 이 연날리기 대회가 기네스북에 올랐단다.

그리고 또 한 가지는 세계에서 가장 긴 인절미 만들기이다. 내가 그곳에 도착했을 때 한창 진행 중이었다. 확성기에서 환호하는 소리가 들려서 부지런히 제방 쪽으로 발길을 옮겼다.

사람들이 길게 늘어서 있는 풍경이 아무래도 심상찮아 얼른 가 보니 이미 관광객들이 떡판의 양쪽으로 늘어서서 인절미를 만들고 있고, 마이크에선 세계에서 가장 긴 떡이 완성되는 순간이라고 외쳐댔다.

김제에서 농사지은 찹쌀 10가마로 떡쌀을 찧어 떡메로 반죽을 했단다. 벽골제 제방 아래에 설치된 떡판 위에서 천 명도 넘는 관광객들이 모여서 이 세상에서 가장 길고 긴 인절미를 만든 것이다.

인절미의 길이는 제12회 벽골제라는 뜻과 벽골제 제방의 길이 3.3㎞ 그리고 새만금방조제 길이 33㎞를 상징하는 뜻에서 1,233m의 떡을 만드는 일에 도전한 것이란다. 관광객들은 완성된 인절미를 너도나도 손으로 잘라서 먹었다.

그야말로 풍성한 떡 잔치가 벌어진 것이다. 나도 한 뼘이나 넘게 떡을 잘라서 먹었다. 떡은 순식간에 사라지고 떡판 위엔 콩고물만 여기저기 남아있으니 아깝다는 생각이 들었다. 콩고물 만드는 데 콩이 한 가마니나 들었단다. 어떤 알뜰한 여인들은 고물을 비닐봉지에 담아서 가져갔다.

'과연 하늘과 땅이 맞닿은 들녘, 풍요로운 김제평야 사람들이나 할 만한 일이구나!' 싶었다.

사람들이 무대가 있는 광장 쪽으로 몰려가기에 얼른 따라 가보니 마당극이 시작되고 있었다.

벽골제에 얽힌 설화 「단야 낭자와 두 마리의 용 이야기」인데 벽골제를 지키기 위해 태수의 딸인 '단야 아가씨'가 자신을 용의 제물로 희생하여 벽골제를 지킨 이야기인 것이다. 드넓은 광장을 가득 에워싼 관중들 속에서 청룡과 백룡이 싸우는 장면이 볼만했다.

농경문화 체험 장에선 다양한 풍경이 관광객들을 사로잡고 있었다.

연못가에서 물레방아를 돌려 방아를 찧는 사람들, 물자세로 물을 퍼 올리는 사람들, 그네를 타는 사람들, 연을 날리는 사람 등등, 다양한 풍경이 재현되고 있었다. 발길 닿는 대로 이리 가도 흥겹고 저리 가도 즐거운 광경이다. 전통문화 체험장을 둘러보니 멧돌에 콩을 갈아 가마솥에 넣고 끓여서 네모난 틀에 보자기를 깔고 순두부를 붓고 보자기 위를 무거운 판으로 누르니 물이 빠지고 두부가 만들어졌다.

갖가지 옛 생활 문화와 집기, 도구들을 보고, 만져볼 수 있는 살아있는 체험학습장이다. 명인학당에선 예절교육이 한창이요, 메뚜기도 한 철이라더니 허수아비도 한철인가 여길 가도 저길 가도 멋쟁이 허수아비들이 벽골제 축제에 한몫을 단단히 거들고 있다. 오랜만에 논에 들어가 메뚜기를 잡으려니 어릴 적 동무들 생각이 났다. 가는 곳마다 풍성한 먹거리와 농주 몇 잔에 기분이 도도해진 사람들이 모두가 화기애애한 축제 분위기였다.

올해의 벽골제 축제는 내가 보아왔던 몇 년 전의 모습보다 훨씬 볼거리가 알차고 풍성하고 다양해졌으며 행사진행 기술도 세련되었음을 느낄 수 있었다.

수많은 인파 속에 자유분방한 것 같으면서도 질서 있게 차분히 잘 운영되고 있는 모습과 깨끗한 화장실, 곳곳에 음료수 시설, 봉사자들의 단정하고 세련된 모습 등에서 김제 시민들의 저력이 느껴졌다. 김제평야의 자긍심이다.

이렇듯 풍성한 큰 잔치에 오니 내 마음도 흐뭇해졌다. 다문화 사회임을 증명하듯 외국인들의 모습도 자주 눈에 띄었다. 머지않아 세계인이 몰려오는 큰 축제로 발전될 것 같은 예감이다.

보물섬을 찾아서

올여름 들어선 비도 잦은 것 같다. 비가 오락가락하던 유월의 둘째 토요일인 오늘은 여류문학회에서 문학기행을 가는 날이다, 비가 와도 좋고 등산을 해도 좋을 차림이지만 모자만은 챙이 넓은 파나마모자로 분위기를 살려볼까 신경을 썼다. 모든 걸 훌훌 털고 모처럼 집을 나서니 기분이 산뜻하고 발걸음이 가벼웠다.

전주천 산책로를 나는 듯이 십오 분쯤 걸으니 경기장 후문 쪽에 당도했는데, 대절 버스들이 왜 그리도 많이 대기하고 있는지 차례차례 눈여겨보며 걷는데 도무지 낯익은 얼굴들이 안 보여 은근히 걱정이 되기 시작했다.

'내가 출발 시각에 늦진 않았으니 떠났을 리는 없는데…….'

드디어 맨 끝에 있는 버스 주변에서 아는 문인들의 얼굴을 보니 안심이 되었다. 서로 인사를 나누고 중간보다 좀 앞좌석에 앉았다. 오늘은 여러 문학단체의 남성 회장님들이 동승해서 분위기가 더욱 활기 있게 느껴졌다. 회장단들의 노력이 눈에 보이는 듯했다.

오늘의 목적지는 전남 신안군 '증도'. 섬의 이름은 매우 낯설었지만, 몇 해 전 '보물선' 을 인양한 남해안의 신안군 다도해 중의 한 섬이라는 설명을 들으니 안심이 되었다.

좋은 사람들과 함께라면 어딜 가도 좋겠지만 행선지가 마음에 들고 호기심이 동했다. 남쪽으로 내려갈수록 밭마다 양파를 캐서 건조시키느라 양파 행렬의 연속이었다. 우리가 먹는 양파들이 대부분 이곳 남도에서 온다더니 마늘도 역시 남도에서 생산된 햇마늘이 가장 먼저 선보이고 식탁을 풍성하게 해준다. 금강산도 식후경이라고 먼저 점심식사부터 마친 후에 증도 관광을 하기로 했다. 먹거리로 유명한 우리 고장 전주의 한식에 못지않은 진수성찬이어서 내심 놀라운 마음으로 감칠맛 나는 어패류들로 포식했다.

증도면은 면적 40.03㎢, 인구 2.233명의 14개 행정리로 이루어져 있고 증도, 화도, 병풍도, 기점도, 소약도의 6개 유인도와 108개의 무인도 등. 모두 114개의 섬으로 이루어져 있다.

'지도' 와 한반도를 이어주는 '연륙교' 를 거쳐 올해 3월에 개통했다는 지도와 증도를 이어주는 '연도교' 인 증도대교는 약 1.9㎞ 길이라고 한다. 우리는 대절 버스만 타고 증도에 입성했으니 엄밀히 따진다면 증도는 배를 타지 않으므로 섬이지만 이젠 섬이라고 할 수만은 없지 않을까?

담배 연기 없는 섬, 자전거의 섬, 깜깜한 밤에 별을 헤는 섬, 갯벌 도립공원 지정, 유네스코 생물권 보전지역 지정, 습지보호구역지정, 친환경의 섬, 아시아 최초 슬로시티 등등, 증도는 자랑 거리도 많다.

태풍이 와도 배를 탈 염려가 없는 '천사의 섬'이라는 증도가 점점 관광명소로 뜨게 될 듯하니, 이곳을 향해 밀려드는 피서 차량들로 인해 이 섬이 몸살을 앓게 될까 봐 자못 염려스러운 마음이 들었다.

증도에 들어서면 먼저 국내 최대 소금 생산지라는 태평염전을 만나게 된다. 이 염전은 면적이 307헥타(462만㎡)로 여의도 면적 2배에 이른다. 이곳은 등록 문화재 360호로 지정되었다. 이 염전에서는 해마다 3만여 톤이 생산되는데, 소금 만드는 체험학습장이 있고 소금 박물관도 있었다.

이곳의 갯벌가에 자생하는 함초가 건강식품으로 아주 좋단다. 올해 봄에 일본 동북부 지방을 강타한 대지진 쓰나미로 인해 원자력 발전소의 방사능 유출로 우리나라 바다도 안전한 먹거리를 보장할 수 없을 거라는 불안 심리를 갖게 되었다.

그래서 한국인들도 집집마다 소금 한두 포대와 미역, 다시마, 김, 청태 등의 비상 식품을 사두는 집들이 많았다. 나도 은근히 염려가 되어 소금이나 좀 사둘까 했으나 가까운 서해안 천일염은 품절이었다. 그래서 인터넷으로 신안군 소금을 주문해서 산 일이 있었는데, 이곳 태평염전에서 생산된 소금이었음을 알 수 있었다.

우리 일행은 맨 먼저 가장 큰 관심사인 신안 해저 유물 발굴기념 전시관으로 발길을 옮겼다. 어느 개인이 발굴 당시의 보물선과 크기와 모양을 비슷하게 꾸며서 1층에는 '트레져아일랜드'라는 경양식집 겸 카페를 운영하고 있었다. 2층은 발굴된 유물의 전시관인데 진품은 국립중앙박물관과 국립해양유물전시관에 전시해 두고, 이곳엔 모조품 170여 점을 전시하고 있었다.

갑판에 나가서 망망대해를 바라보며 바람을 맞으니 폐부 깊이 쌓인 일만 근심이 훌훌 날아가는 듯한 시원함을 느꼈다. 오늘 하루에 증도의 이곳저곳을 한 곳이라도 더 구경해야 하므로 떨어지지 않는 아쉬운 발길을 돌려 '해저 유물 발굴 기념비' 를 둘러본 후 내려왔다. 너른 갯벌가의 산자락 기슭에 붙어 있는 작은 오두막집 두어 채를 바라보니 「섬집아기」 라는 동요가 생각났다.

신안 앞바다의 보물선이야기는 지금으로부터 30여 년 전 어떤 어부의 그물에 청자 도자기가 걸려 나와 문화재 당국에 신고한 때로부터 시작된다. 중국 송, 원나라 시대의 무역선이 청자, 백자, 동전, 각종 생활용품 등 3만여 점을 싣고 신안 앞바다를 지날 때 침몰되었단다. 그 때가 고려 충숙왕 10년이라니 그동안 700여 년이란 세월을 바닷속에 묻혀서 흐른 것이다.

우리 증도의 갯벌 면적이 약 950만 평에 이른다는데 이 광활한 갯벌이 세운 공로 중의 하나가 아닐까?

1976년부터 수중 발굴이 시작되었고 1981년에 선체가 완전히 인양되었다. 목포국립해양유물전시관에 5분의 1로 축소된 선체의 모습을 전시해 놓았다. 이곳 유물 발굴 해역은 국가 사적 274호로 지정되었단다.

우전 해수욕장으로 가는 들머리엔 60만 평이나 되는 드넓은 갯벌 위를 시원하게 가르는 470m 길이의 '짱뚱어 다리' 가 놓여 있다.

갯벌에 파일을 박고 상판에 나무 널빤지를 얹은 예쁜 이 다리는 소재지인 중동리와 우전 해수욕장을 잇는다. 이 다리의 곳곳엔 전망대가 설치되어 있어서 청정하늘과 남해안의 쪽빛 바다 위에 점점이 떠 있는 90여 개의 무인도, 아름다운 수평선과 낙조를 감상할 수 있고, 밤하늘 수많은 별들을 관찰할 수도 있다.

국제적으로 멸종 위기에 있는 각종 보호 조류와 짱뚱어 서식지인 이곳은 다양한 생물들의 생태계 보전과 지속 가능성을 모색하기 위해 생물권 보전지역으로 인정받았다.

이곳에서 생뚱맞은 이름을 가진 짱뚱어를 만났는데 갯벌 속 여기저기서 흔하게 벌벌 기어 다니는 그들은 내가 보기엔 머리만 크고 여러 개의 발이 달린 아주 작은 '미니 문어' 처럼 보였다. 이것의 요리가 별미라고 한다. 짱뚱어 다리를 건너서 도착한 우전 해수욕장의 풍경은 매우 아름다웠다. 큰 섬도 아닌데 이처럼 아름답고 멋진 해수욕장이 있다는 사실이 신기했다.

야자수와 종려나무들이 서 있고, 볏짚으로 만들어진 파라솔들이 늘어서 있는 이곳은 마치 남태평양의 어느 해안가에 와 있는 듯 착각될 만큼 이국적인 아름다움이었다. 증도의 명사십리라고 불릴 만한 하얀 모래 백사장이 끝없이 펼쳐져 있는 우전 해수욕장의 수평선을 하염없이 바라보며 가족들과의 여름휴가를 이곳에 와서 보내고 싶다는 생각을 했다.

20세기 말 이탈리아에서 시작된 슬로우시티 운동은 느리게 살기와 느리게 먹기로 시작되었다. 향토인은 자연 속에 살면서 고을의 먹거리와 지역 고유 문화를 느끼며 삶의 질 향상을 추구하는 소용한 공동체 운동이다.

이 운동의 목적은 인간 사회의 진정한 발전과 미래를 위한 자연과 전통문화를 보호하는 것이다. 현재 25개국의 147개 도시가 이 슬로우시티 연맹에 가입되어 있는데 증도는 2007년 12월 1일에 아시아 최초로 지정되었다.

우전 해수욕장과 이어져 있는 해송 숲길의 모습은 하늘에서 내려다보면 한반도의 지도 모습을 닮았단다. 4.6㎞의 이 솔숲 길을 철학자의 길, 망각의 길이라고도 부른다.

도시의 바쁜 일상에서 벗어나 마음의 번잡함 없이 마음을 비우고 해변을 걷고 솔숲 길을 걷고 마을길을 걸으며 한 박자씩 느리게 살아본다는 슬로우시티 이야기는 참으로 매력있게 들린다. 오늘은 증도에 대해 친근감을 갖게 하는 예비 탐사 여행으로 생각하고 정말 다시 찾아오리란 마음을 담고 귀갓길에 올랐다.

임원진의 한없는 수고로 행복한 오늘이 있었음에 감사하며 사랑이 담뿍 담긴 고마움의 눈길로 그들을 바라보며 미소를 보냈다.

미리 가본 2012 여수세계박람회

봄비가 보슬보슬 내리는 날 새벽바람에 남편을 따라 전주 역으로 향했다. 남편의 친구들과 부부동반으로 고속열차를 타고 여수 엑스포에 간다.

모처럼의 기차 여행이라 초등학생처럼 마음이 설렌다. 일곱 시 반쯤 되니 어린이들처럼 울긋불긋한 빛깔의 등산복을 입은 부부들이 이십여 명 모였다. 주로 고속버스를 이용한 여행만을 하다가 모처럼 찾은 전주 역 내부의 모습은 옛 자취는 찾아볼 수 없을 만큼 최신 시설로 깔끔하게 일신되어 있었다.

드디어 열차 도착 시각이 되니 날씬한 유선형 모습의 ktx고속열차가 미끄러지듯 들어온다. 기차 안에 들어가서 어린이들처럼 재잘대다 어느 젊은 승객으로부터

'시장 속도 아니고 시끄러워 잠도 못 자겠네.' 라는 욕을 먹은 후에야 조용히 앉아있었다.

그러나 승객들 몇분은 다른 칸을 향해 이동했다.

전주 사람들은 여수를 비교적 자주 찾는 편이다. 지리적으로도 가까운 편이라 동백꽃 피는 '오동도' 에 가서 바닷바람을 실컷 쐬며 꽃구경도 하고 싱싱한 해산물을 맛보기 위해 휴일이면 친구들과 또는 직장 동료들과 어울려서 당일치기 여행을 다녀오곤 한다.

오늘의 여행 목적은 '2012 여수 세계 박람회를 앞두고' 변화된 모습을 보고 싶은 기대감이 크다. 열차에서 내려 역 밖으로 나오자마자, 전엔 못 보던 '스카이타워' 의 모습이 마치 거대한 하프 모양으로 서 있는데, 이곳은 세계에서 가장 큰 소리를 내는 파이프 오르간의 연주를 들을 수 있기에 기네스북에도 올랐단다.

'연주 소리가 여수 시내 전체에 울려 퍼질까?'

여수 역사에서 오동도에 이르기까지 '주제관, 국제관, 한국관, 빅오, 아쿠아리움, 해양생물관, 기후 환경관, 해양 문명 도시관, 해양 산업기술관, 멀티미디어 특수 효과가 어우러진 해상 쇼 무대, 엑스포 디지털 갤러리 등등…….' 이루 헤아릴 수 없는 다채로운 건축 조형물들이 저마다 독특한 디자인과 전시물로 개성을 뽐내며 여수를 찾는 이들의 눈길을 끌고 있었다. 2012 여수 엑스포는 전남 여수 신항 일대(면적 2,71만㎡)에서 5월 12일부터 8월 12일까지 열린다.

박람회의 주제는 '살아있는 바다, 숨쉬는 연안' 이다. 앰블럼 마크에서 전체적인 원의 모양은 지구를 의미하며, 그 안에 속한 3개의 모티브, 즉 빨강색은 바다와 육지에 서식하는 생명체를, 초록색깔은 생명체들이 더불어 사는 환경을, 푸른색은 맑고 깨끗한 해양을 의미한단다. '여니와 수니' 라는 이름을 가진 귀여운 마스코트는 가는 곳마다 인기가 좋아 함께 사진을 찍기도 했다.

'여니' 는 open이란 이미지로 여수 엑스포의 성공적인 개최를 알린다는 의미이고, '수니' 는 −물, 우수한의 이미지로 해양 박람회의 상징이며 우수하고 수준 높은 박람회를 표현한다.

이번에 엑스포를 개최하면서 국가와 지방자치단체에서 기대하는 효과에 대한 홍보물을 읽어 보았다. 해양산업 및 지역발전 효과, 연안 해상 교통 활성화를 통한 해운 산업의 발전, 첨단 해양 교통수단 도입, 차세대들의 해양 관광, 레저 산업, 해양 레포츠, 해양 문화 등이 더욱 발전하게 되고, 해양 자원 탐사와 해양 오염 제거 기술 향상, 해양 기후 변화 예측 적응 기술 등으로 미래 인류 사회에 기여할 수 있는 첨단 해양 기술을 개발 발전시키는 계기가 되게 하겠다는 원대하고 야심찬 내용들이었다.

이와 같은 일들이 실현되면, 바다와 인류의 공존, 국경을 초월한 화합과 번영이라는 목표 아래 아름답게 발전하는 해양도시 여수의 이미지를 새롭게 부각시키기에 충분하리라. 또한 박람회에 전시된 제품과 기술 및 다양한 형태의 문화 예술 공연 등을 통해 세계적으로 대한민국을 홍보할 수 있는 계기가 될 것이다.

이슬비가 오락가락하니 승강장에서 우산을 폈다 접었다 하는 중에 기다리던 셔틀버스가 들어왔다. 주제관을 돌아본 후 오동도로 향하는 방파제를 걸으며 자꾸만 시선이 바다를 배경으로 들어선 행사장들 쪽으로 향한다. 옛날의 여수와 지금의 여수의 모습을 비교해보는 마음이리라.

전에는 방파제 길을 한참 걸어가야 오동도에 도착되었는데 지금은 시가지와 오동도가 구분이 안 되게 연이어져 있는 느낌이다. 엑스포가 개막 되면 바다 위에 우뚝 솟은 원형 탑에선 멀티미디어 빛의 쇼가 현란하게 난무하고, 스카이 타워에선 파이프 오르간의 환상적인 선율이 울려 퍼져 바다 속 물고기들과 해초, 전복들도 흥겹게 춤을 추고 세계 각국에서 모여든 사람들은 축제 분위기에 젖어 즐거워하는 모습을 상상해본다.

박람회 기간에 다시 와보고 싶다.

시티투어 안내자는 오동도에 들어서자마자 이곳의 명물이라는 '털머위와 팔손이'에 대하여 재미있게 설명하였다. 팔손이는 파 모양의 꽃으로 12월에 피는데 추운 겨울이라 꽃이 열매 맺도록 수정해줄 곤충들이 없어서 검은 똥파리들이 수정해 주느라 꽃이 새까맣게 보인다는 것이다.

여수의 동백섬은 사천여 그루의 동백나무로 뒤덮인 동백 군락지로서 겨울에도 눈 구경이 어려울 만큼 따뜻한 미항이다. 여인의 순정처럼 붉은 색깔을 가진 동백꽃은 늦가을부터 피기 시작하여 겨울을 지나 봄까지 내내 피며 3월 중순경에 절정을 이룬다. 이 꽃의 특징은 꽃이 질 때 꽃잎이 한 잎씩 흐트러짐이 없이 송이째로 떨어져서 땅바닥에 누운 채로 한 번 더 피어 아름다운 꽃밭을 이룬다. 그리고 이 섬은 신우대 군락지이기도 하다. 신우대는 대나무이면서도 마디가 없어서 임진왜란 때 이순신 장군께서 화살을 만들어 왜군을 물리치는 데 공을 세웠다. 그래서인지 신우대 터널을 지날 때는 숲의 향기도 더욱 싱그럽게 느껴졌다.

전라남도 여수하면 이순신 장군과 전라좌수영이 머릿속에 떠오른다.

우리의 발걸음은 자연스럽게 진남관으로 향했다. 여수시 군자동에 있는 '진해루' 는 진남관의 전신으로서 조선시대 객사 건물이다.

조선시대 사백여 년간 수군의 본거지요, 이순신 장군께서 해군도독으로 계실 때 총사령부였던 구국의 성지이며, 여수의 상징이다. 불에 타서 소실된 것을 1718년에 전라좌수사 이제면이 다시 건립하였단다.

일제강점기에는 조선 수군과의 해전에서 백전백패했던 수치스러운 기록을 말살하기 위함인지, 이순신 장군의 얼을 깡그리 뭉개기 위함인지 진남관 앞바다를 매몰하여 집을 짓고 1910년부터 50년간 '여수 공립보통학교와 여수중학교 교실' 로 사용하였단다. 제아무리 왜국이 안간힘을 써도 성웅 이순신 장군의 빛나는 용맹과 지략, 업적은 세계 해전사에서 으뜸으로 빛날 뿐이다.

진남관 뜰에 서서 바다 쪽을 바라보니 장군께서 거북선을 타고 왜군을 물리치는 모습이 보이는 듯, 장군님의 우렁찬 호령소리와 둥 둥 둥 울리는 북소리, 수군 병사들의 기쁨에 찬 승리의 함성 소리가 들리는 듯 그립다.

우리 일행은 진남관에서 내려와 진남로에 있는 청국장이 맛있다는 백반 집에서 점심을 먹은 후 다시 셔틀버스에 올랐다.

오후 일정은 시가지에서 30여 분 달려야 한다는 '손양원 목사님' 의 사랑이 깊이 밴 '애양원' 과 '흥국사' 를 둘러보았다.

2012 여수 세계박람회를 열면서 새롭게 조성된 여수 시가지의 최신식 휘황찬란한 야경을 보기 위하여 일부러 늦은 밤 9시 30분 밤 기차표를 예매했다고 한다. 그러나 비가 와서 건어물 꾸러미만 들고 밤 기차에 올랐다.

5부 향수

여울목 섶다리에서

향수

음악과 인생

단옷날

덕진공원

들꽃

그리운 친구

내 고향

여울목 섶다리에서

어느 봄날 춘심에 겨워 집 앞의 냇가에 나갔다. 천변 둔치의 산책로를 걷다 보니 웬 다리가 놓여 있었다. 어릴 적에 시골의 큰 냇가에서나 봄 직한 이 다리는 푸나무와 소나무 가지를 엮어 만든 사십 미터쯤 되어 보이는 가교였다. 내가 걸어가니 약간 흔들리는 것 같아 재미가 났다.

이 끝에서 저 끝으로 몇 차례 오가며 웃음이 절로 나고 재미있었다. 농자천하지대본 농기를 닮은 깃발 옆에 안내문이 있어 읽어 보았다. 이 다리의 이름은 '여울목 섶다리'이고, 냇물 가까운 곳에 새로 생긴 'e아파트' 주민들이 성금을 모아 만들었단다.

큰 냇가를 사이에 두고 서신동과 덕진동, 팔복동이 있기에 주민들이 볼일이 있을 땐 꽤 떨어져 있는 큰 다리로 돌아서 건너가야 하기에 불편해서 만들었나 보다.

이 섶다리는 매년 9월에 설치하고 이듬해 5월 하순경에 철거한다고 한다. 아마 여름철에 큰 비로 하천물이 범람하면 다리가 유실될 것을 예측하여 그러는 것 같다.

아침 7시경에서부터 저녁 7시경까지 이용하라고 씌어 있다. 섶다리를 바라보니 어릴 적 추억들이 아스라이 떠오른다. 장에 가는 할아버지도 두루마기 자락을 허리 위로 거머쥐고, 친정에 가는 새색시도, 학교에 가는 개구쟁이들도 물이 불어 동동거리다가 버선을 벗고, 옷을 추켜올리고 조심조심 건너던 징검다리. 책 보따리가 냇물에 빠져 둥둥 떠내려가는 걸 보고 왕마구리 같은 울음을 요란하게 울어대니 밭에서 일하던 동네 아저씨가 첨벙첨벙 들어가 건져 오셨다.

눈물을 닦으며 씩 웃던 그 머시매는 지금쯤은 할아버지가 되었겠지. 섶다리는 내가 자라난 고향으로 데려가주는 정겨운 여울목 같다. 지난해 가을 억새꽃이 한창일 무렵 끝없이 이어진 갈대밭이 너무 좋아서 그 속에 들어가서 사진도 찍고 집으로 돌아갈 줄을 모르고 있는데, 섶다리 저 쪽 끝에서 어떤 남자가 자전거를 끌고 왔다. 그가 가까이 와서 서로 얼굴을 대면할 정도의 거리가 되었을 때 그 청년이 활짝 웃으며 말했다.

"선생님, 안녕하세요? 저, ㅇㅇ입니다."

처음엔 얼핏 알아보지 못했지만, 정다운 이름을 들으며 바라보니 정말 틀림없는 그였다.

"아유, 어른이 되어서 얼른 못 알아봤구나!"

"선생님, 저 내년 봄엔 발령이 날 것 같아요."

"오, 그래. 네가 교육대학에 갔으니까, 이젠 선생님이 되는구나."

성실하고 다재다능하던 그는 좋은 선생님이 될 것 같다.

해가 뉘엿뉘엿해지니 간편복을 입은 사람들의 발길이 산책로 위에 늘어 간다. 금빛 같은 봄볕이 기울어 해님도 서편 향방산 위로 발걸음을 옮긴다.

섶다리 위에서 하염없는 눈길을 머얼리 하늘가에 두고 있으려니, 유영하듯 날던 왜가리 두 마리가 앞서거니 뒤서거니 날아와 사뿐히 내려앉는다. 얕은 곳에서 긴 다리를 우아하게 뻗어 걷다가 긴 부리를 물속에 박고 움찔움찔 오물거린다.

피라미 새끼 한 마리 걸렸나 보다. 전주천 주변의 산과 들, 아파트와 교회의 뾰족 지붕, 바쁜 듯이 오가는 차들 모두가 한가로운 봄날, 그림처럼 아름다운 풍경들이다. 냇물은 금빛으로 반짝이며 돌돌돌 철철철 노래하며 흘러간다. 제철을 맞은 푸짐한 철쭉꽃밭 사이사이에 연둣빛 잎새들이 꽃보다 아름답고 싱그럽다. 길가에도 냇가에도 공원에도 아파트에도 봄은 풍성하게 무르익어 가는데, 변덕스러운 꽃샘추위 때문에 사람들의 옷가지는 각양각색 다양하다.

아무리 황하강 쪽 사막에서 황사가 날아와도, 때 아닌 강풍으로 섶다리 안내판이 뽑혀져 누워 있어도, 해님이 나팔 불면 꽃들은 일어나서 방글방글 웃는다. 허리 굽은 할미꽃이 기침을 하면 노란 민들레와 제비꽃, 앙증맞은 들꽃들이 윙크하며 날 보고 가란다.

전주 천변 산책길은 나 자신을 들여다보는 사색의 오솔길이요. 하루를 반성하는 길이며, 보다 나은 내일을 설계하는 희망의 길이다. 그리고 섶다리가 있어 더욱 정다운 친구처럼 여겨진다.

향수

너른 안성평야에 모내기 준비가 한창이고, 논마다 물이 찰랑거리고 연둣빛 아기 모들이 묘판에서 살랑살랑 고갯짓하던 오월이었다.

서울 아들의 집에 다니러 왔다가 친구들이 보고 싶어서 전화를 했다

"내가 너희들 집엘 가보고 싶은데 괜찮겠어?"

좋다고 해서 기대에 찬 마음으로 유랑을 떠났다.

이 친구들은 사범학교 다닐 때 친했던 친구들이다. 그런데 서로 멀리 떨어져 살다 보니 만나기도 어렵다. 긴 인생살이에서 만일 벗이 없다면 얼마나 삭막할까! 진심으로 서로를 이해하고 의지하며 더불어 살아가는 이웃들이 있기에 사람들은 기쁠 때나 슬플 때나 시름을 잊고 살아갈 수 있는 것이리라.

누군가 말하길 '속마음을 털어놓을 수 있는 진정한 친구가 두 사람만

있어도 그 사람은 성공한 인생이라' 고 했다.

그렇다면 나에게도 그러한 친구가 있는가?

내가 진정으로 어려움에 처했을 때, 화가 나고 슬플 때, 외로울 때 위로받을 수 있는 친구, 나의 마음을 속속들이 털어놓을 수 있는 친구들의 얼굴을 떠올려보다가 스스로가 안고 있는 큰 문제점을 발견했다.

개도 안 물어간다는 알량한 자존심 때문에 지금까지 나 자신을 어느 누구에게도 속속들이 열어 보이지 못하고 살아왔다는 걸 스스로 깨달았다. 그래서 자괴감과 연민의 정이 느껴졌다.

'너 같은 못난이가 우정을 논한다는 것은 넌센스다.', '그래, 넌 친구가 없는 게 아니라 주변에 좋은 벗들이 많이 있지만, 허영심 때문에, 자존심 때문에 어린애들처럼 좋은 일 생기면 자랑하기나 좋아하고, 제 마음의 문을 열지 않으니 친구가 들어올 자리가 있겠는가.'

라는 생각을 하니 나 자신이 참으로 어리석은 못난이라는 걸 깨달았다. 진정한 친구 사이엔 진솔하게 아픈 곳도 내보여야 같이 눈물도 흘리며 서로 위로도 해줄 수 있지 않겠는가.

생각이 여기에 미치니 이제라도 마음을 고쳐먹고 변화되어야겠다는 생각이 절실히 든다. 내 마음속에 항상 그리움으로 간직되어 있는 내가 좋아하는 소중한 친구들에게 이제라도 좀 더 적극적인 우정의 표현을 하면서 살아야지 이대로 살다가 죽으면 너무 억울할 것 같다는 생각이 드니 마음이 급해진다.

내가 좋은 친구가 되어주려면 어떻게 해야 될까 곰곰이 생각을 해 보았다. 내가 먼저 안부 전화도 걸고 만나는 기회도 만들어야겠다. 친구를 만나면 내 중심적으로 판단하거나 내 뜻을 알아주지 않아서 섭섭하다는 식의 어린애 같은 생각들은 흘러가는 전주천 냇물에 띄워 보내야겠다.

한 생을 살아오며 같이 자라던 죽마고우들도 그립고, 가까이 살며 자주 보는 이웃들이나, 직장동료, 교우들도 공기처럼 소중한 벗들이다. 그 중에서도 특히 감수성이 예민한 십대 소녀일 때 사귄 우정의 소중함은 그 무엇과도 비교할 수 없는 그리움으로 가슴 깊이 고이 간직된 보물이랄까, 그래서 오랜만에 친구가 보고 싶어서 오늘은 길을 나선 것이다.

봉천동에서 출발하는 마을버스와 지하철을 번갈아 타고 물어가며 수원 어느 역에 내렸을 때 친구 B의 부부가 마중을 나와 있었다. 너무 반가웠다. B는 내가 좋아하는 참으로 보고 싶던 친구이다. 그런데 결혼하고 어린애들 키우며 직장생활 하다 보니, 우리들은 무소식이 희소식이란 말처럼 격조한 세월을 보내왔다. 사범학교 다닐 땐 하굣길에 일찌감치 기숙사에 가봐야 그렇고 B의 집에 따라가서 밥도 자주 얻어먹었다.

소설책보다는 철학책 읽기를 좋아하는 것 같고 사색적이며 진실이 아니면 죽음을 달랄 정도로 매사에 쉽게 못 넘어가는 성격인 그녀를 나는 철학자라고 지칭했었다. 그러한 그녀는 나의 어떤 점을 좋게 보았는지 아무튼지 우리는 같이 있는 시간이 많았다. 내가 그를 좋아하는 마음은 지금도 변함이 없다.

이 친구를 만나니 학창 시절의 소녀가 된 듯 행복했다. 눈으로는 수원성 시가지의 풍경을 바라보며 머릿속에선 회상에 잠긴 농안 우리가 탄 차는 B의 집에 도착되었다.

집에 들어서자 깔끔한 집안 분위기가 노친네들 사는 집안 분위기는 아니었다.

부부가 곱게 입고 정답게 찍은 사진이 눈에 들어왔다.

'깨가 쏟아지는군.'

과일을 몇 쪽 먹은 후 그들 부부의 차를 타고 용인으로 향하였다. 그곳에는 내가 좋아하는 K가 새 아파트를 마련하여 둥지를 틀고 있는 곳이다.

K는 사범학교 일 학년 때 나의 짝꿍이다. 언제 보아도 큰언니처럼 온화하고 따뜻한 성품의 소유자인 K가 말없이 활짝 웃는 모습을 나는 너무 좋아하고 사랑한다. 그런데 B와 K는 병설중학교 시절부터 친한 사이였다. 나는 K와 키가 비슷하여 짝꿍이 되는 바람에 친구가 된 것이다. B와 내가 가까워지기 시작한 것은 우리 모두 K를 좋아한다는 공통점이 많이 작용하지 않았나 싶다.

나는 친구를 쉽게 사귀는 편은 아니지만, 미지근한 화롯불처럼 한 번 사귄 친구는 오랫동안 변치 않는 편이라 우리의 우정은 평생을 가리라 믿는다.

나는 열여섯 살 소녀일 때 선생님이 되고 싶은 꿈을 안고 처음으로 고향과 집을 떠나 군산 사범학교에 들어갔다.

처음엔 고모님 댁에서 살았지만, 부모형제가 그립고 고향이 그리워서 향수병에 걸렸었다. 고향 까마귀라도 만나면 얼마나 반가울까 싶을 정도로 홈식에 걸렸을 때, 내 짝꿍 K의 자상하고 따뜻한 우정은 큰 위로요 든든한 지지대였다.

공부도 잘하고 붓글씨도 잘 쓰며 노트정리도 잘했다. 무엇이든지 나보다 잘하니 부럽고 존경스러웠다. 운 좋게 짝꿍을 잘 만난 것이다. K

는 장남과 결혼해서 시부모님과 시동생들을 돌보면서 맏며느리 노릇을 한 사람이라 매사에 이해성이 많고 너그럽고 겸손하면서도 몸을 사리지 않고 다정다감한 친구이다.

반면에 나는 친정엄마가 일도 안 시키던 딸이라 그리고 막내며느리이기 때문인지 자기 중심적이고 이기심이 강한 욕심장이라고 할까. 매사를 상대방의 입장에서 보기보다는 내 위치에서 나에게 유리한 쪽으로 선택을 하면서 살았던 것 같다. 돌이켜 생각해 보니 내가 인생을 잘못 살았다는 생각이 이제야 든다.

성경 말씀에 '누구든지 네가 바라고 좋아하는 일을 남에게도 해주고, 네가 싫어하는 일들은 남에게도 시키지 마라.' 는 황금률이 있다.

아무리 친한 친구 사이라도 사소한 일로 섭섭한 마음이 들 때도 있고, 서운함을 줄 때도 있다. 완전한 인간은 없다지만 친한 친구일수록 더욱 세심한 배려를 할 줄 알아야 우정이 오래 지속된다는 사실을 요즘에 와서야 깨닫게 되었다.

'지란지교' 란 말처럼 이제라도 소중한 우정을 간직하기 위해선 내가 먼저 좋은 친구가 되어주고 배려하는 자세를 가져야겠다는 생각을 해본다.

그 밤에 세 친구가 도란도란 이야기하며 지샐 줄 알았더니 B는 남편을 따라서 돌아가버렸다. K의 집은 깨소금 냄새가 진동할 만큼 깨가 쏟아지게 행복해 보였다.

젊은 시절에 수고하며 살았으니 이젠 행복한 노년을 보내는 것은 하느님의 축복이리라. 저녁식사 후엔 하늘에 총총한 별을 바라보며 산모롱이 빈터에 그가 일구었다는 밭에도 따라가 보았다. 작년엔 그 밭에

심은 채소로 김장을 했다던가?

틈틈이 돌보는 채소밭 가꾸기가 큰 소일거리이고 그토록 재미가 있단다. 그는 밭에서 자라고 있는 열무, 가지, 상추 등의 남새거리들이 아주 사랑스럽단다.

솔직히 나는 그런 것들을 공들여서 재배한 경험이 없었다. 손에 흙을 묻히며 자연에서 그토록 애정을 느끼는 순수함은 내가 그 친구를 좋아하는 이유이기도 하다.

그날 밤은 침대에서 우리 둘이 잠을 잤다. 참으로 단잠이었다는 추억이다. 아침엔 그가 차려준 식탁의 고사리나물, 나박김치, 반찬들 하나하나가 모두 맛있었다. 오랜 세월 시부모님 모시며 열심히 살아온 주부의 손맛과 우정의 맛이 함께 어우러진 참으로 맛있는 아침밥을 먹었다.

열 시쯤 K는 수영장으로 향하고 나는 거기서 가까운 용인 민속촌을 둘러본 후에 전주로 내려가기로 했다.

음악과 인생

몇 년 전 어느 가을 날 무주 여교사들의 모임인 동백회원들이 만난 자리에서 후배 R이 제안했다.

"조용필 콘서트가 월드컵 경기장에서 열리는데 우리 같이 가요."

"입장료를 십일만 원씩이나 내고?"

"우리 기분 한번 내요. 티켓은 제가 구매할게요."

그녀는 조용필의 열렬한 팬인가 보다.

난 비싸서 내심 놀랐지만 아무렇지 않게 동조했다.

"그래? 좋아. 동생들 덕분에 비싼 콘서트 한번 보더라고."

모처럼 유명 가수의 콘서트에 가던 날, 내 가슴은 설레고 기대감으로 부풀었다. 우리 일행은 응원할 때 손에 들고 흔들기 위해 형광빛 유리막대를 사서 들고 지정석에 앉았다.

전주 시민들이 가득 모인 경기장은 쌀쌀한 가을밤이지만 열기는 뜨거웠다. 드디어 킬리만자로의 설산에서 하이애나가 포효를 하는 스크린이 켜지는 가운데 조용필이 등장하니 관객들은 열광을 한다. 피를 토하는 듯한 열창이 이어지는 동안 화려한 빛깔의 유리봉 불빛은 캄캄한 밤하늘 허공에서 리듬에 맞춰 물결친다.

이 가수가 부르는 「창밖의 여자」, 「단발머리」, 「한 오백 년」, 「축복」, 「돌아와요 부산항에」 등등, 주옥같은 히트송이 계속 이어지다가 잠시 멈추면 오빠 부대들은 '조용필' 을 연호하며 자지러지게 고함을 지른다. 이런 밤 이런 분위기 속에서 얌전하게 앉아 있는 사람은 오히려 촌스러울 것 같음인지 너도나도 우리 일행들도 소리를 질러댔고 R의 열광은 대단했다.

어디에 그런 열정이 숨어 있었는지, 나 역시 부끄러움을 참고 자신 없는 소리를 내 보았다. 조용필의 가창력은 해외에서도 국내에서도 인정받은 유명 가수이지만, 사실 나는 패티김이나 양희은, 이미자의 노래를 더 좋아하는 편이다.

중학교 시절엔 나도 교내 예술제에서 독창도 했고, 합창부에선 솔로를 부르던 행복한 시절도 있었다. 그런데 기관지가 안 좋아 목소리가 갈라지는 걸 스스로 느끼게 된 후부터는 남들 앞에서 노랠 부르지 않았다. 내가 좋아하는 노래들은 서정적인 가요나 우리의 가곡들이다. 아름다운 숲이나 바닷가, 그리고 달 밝은 밤이면 나는 노래가 부르고 싶어진다. 엄마의 심부름으로 산 너머 외가에 갈 때면 호젓한 산길을 홀로 걸으며 내가 좋아하는 노래들을 불렀다.

행인을 만나면 슬그머니 멈추었다가 다시 또 부른다. 봄이면 봄 노래,

가을이면 가을 노래를 계절의 분위기에 젖어서 부르며

'나는 장래 어떤 인물이 될 것인가'

꿈을 그려보는 행복한 순간들이었던 것 같다.

현대인들은 가수의 소질을 가진 사람들이 참으로 많은 것 같다. 텔레비전 채널을 돌려보면 여기도 노래자랑 저기도 노래자랑, 이름 있는 가수들은 말할 필요도 없이 잘하지만, 취미로 부르는 무명인들도 가수 뺨치게 가창력이 뛰어나고 잘하는 사람들이 수두룩하다.

콩밭 메는 아낙네도 시장 좌판에서 생선 파는 아주머니 아저씨들도 모두 노래를 잘한다. 우리나라 어느 곳엘 가도 노래방이 성업 중이다. 남자들도 친구들과 한 잔 마신 후엔 노래방으로 행하고, 여자들도 좋은 날은 기분이 좋아서, 기분이 나쁜 날은 스트레스 풀려고 노래방을 찾는다던가?

아무튼 우리나라 국민들은 노래를 사랑하고 춤도 잘 추는 것 같다. 그런데 모든 국민들이 다 그런 것은 아니다. 나는 내 아들이나 딸, 사위나 며느리가 무슨 노래를 좋아하는지도 모르고 있으니까…….

난 관광버스 속에서 차례로 노래를 시킬 땐 무얼 부를지 내심 뒤적여 보아도 내가 20대~30대 때에 유행했던 노래밖엔 생각나는 게 없어서 곤혹스럽다.

그동안 무얼 하느라 노래를 잃어버리고 살았는지 모르겠다. 어느 석상에서 특히 인상 깊게 들었던 「초우」, 「바닷가에서」, 「바람이 불면 산위에 올라」, 「옛 시인의 노래」 등등이 좋아서 배워 부르는 게 고작이다. 한땐 정지용 작사 「향수」를 배우느라 열을 올린 때도 있었다.

예전엔 어린이들에게 장차 어떤 인물이 되고 싶느냐 물으면 대통령,

판사, 의사, 과학자가 되고 싶다고 대답하더니, 이젠 경찰관, 가수, 탤런트, 마술사가 되고 싶다고 한단다. 그것은 사람들이 골치 아프고 힘든 일보다는 즐겁고 부담감이 적은 일을 선호할 만큼 의식수준에 변화가 온 것이다.

올해 일곱 살 된 내 손녀는 노래를 부르라면 서슴없이 잘 부르고 춤도 잘 추니 인기 만점이다. 나도 어릴 적엔 심심하면 집이 떠나가라고 목청껏 노래 부르길 좋아했었다.

아버지나 어머니께서도 시끄럽다거나 듣기 싫으니 그만하라고 하신 일이 없던 것 같다. 성당 가는 길에 내 친구의 집 앞을 지나가노라면 색소폰연습하는 소리가 들린다. 내 친구가 연주하는 것이다. 그 친구는 새로 나온 가요 중에서 자기가 배우고 싶은 노래는 수첩에 적어서 연습을 할 만큼 음악에 대한 열정이 높았다.

남편을 사별하고 원불교에 심취하면서 아들딸의 집 살림살이 돌보랴 손녀 돌보랴 바쁜 중에도 생활을 탄력있고 지혜롭게 해 나가는 친구가 대견하고 존경스럽다.

올봄에 열린 총동창회에서 그녀는 색소폰 연주를 하였다. 그리고 노란색 예쁜 드레스를 입고 밸리 댄스를 하는데 그 모습이 너무 귀엽고 사랑스러웠다.

늙은 친구들 앞에서 재롱을 부리고 인기상을 탄 그녀의 용기와 진취성 그리고 젊음이 자못 부러울 따름이다.

나도 복지관에서 한국 무용을 배울 때는 애절한 국악 장단에 맞추어 춤을 추며, 내가 마치 슬픈 사랑의 주인공이라도 된 양 심취했었다.

그런데 진득하고 인내심 있게 지속하지 못하고, 요즘은 초등학교 운동장에서 생활 체조를 한다. 대중가요인 「아빠의 청춘」, 「군밤타령」, 「아~ 대한민국」, 「독도는 우리 땅」, 「보고 있어도 보고 싶은 그대여」 등등, 유행가요에 맞추어 춤을 추노라면 나도 시대에 걸맞는 사람 같은 희망 감이 느껴져 기분이 상쾌하다.

오늘은 요사이 세계적으로 뜨고 있다는 「오빤 강남 스타일」 말춤을 배웠다. 이른 새벽부터 신나는 음악에 맞추어 춤을 추고 나면 건강에 자신감이 생기고 하루가 즐겁게 시작된다. 남편과 나도 매주 '열린 음악회' 나 '가족 노래 자랑' , 월요일 밤에 방영되는 '가요 무대' 는 빠짐없이 즐겨 들으며 따라서 부르기도 한다

누구나 노래를 부르는 시간만은 모든 걸 잊고 행복하다. 미개인이나 문명인이나, 남녀노소를 막론하고 노래는 사람들을 즐겁게 하는 마력이 있고 세계 만국 공통 언어이니까.

노래를 잘 부르든 못 부르든 자주 흥얼거리면 집안 분위기도 더 밝아지고, 남편도 덩달아서 기분이 좋아지겠지. 쉽지는 않겠지만 앞으로는 온 가족이 모이는 기회가 있을 땐 다같이 노래방엘 가자고 적극 권장하고 싶다

'노래하는 곳에 행복이 있고 노래하는 곳에 사랑이 있네. 친구여 손뼉 치며 노래 부르자.' 라는 노랫말처럼 친구들이여 가족들이여 노래를 사랑하며 즐겁고 행복하게 살아갑시다.

단옷날

덕진 광장 근처를 지나는데 단오절 행사 관계로 임시 주차장을 안내하는 현수막이 눈에 띄었다.

'아! 모레가 단옷날인데 세월 가는 줄도 모르고 살았구나.'

작년엔 덕진 연못의 연꽃 구경도 못 하고 지나갔는데, 올해 단옷날엔 어머니를 모시고 가보면 좋겠다는 생각이 들었다.

'일요일인 단옷날에 두 집 어머니를 모시고 공원으로 연꽃 구경을 가 보면 어떨까?'

친구 p에게 문자 메시지를 보냈는데 답장이 없다.

그냥 지나치기엔 아쉬워서 하는 수 없이 점심 후에 나 혼자 산책삼아서 걸어갔다.

단옷날이라 공원 주변에는 인파가 흥청거렸다.

공원의 정문인 연지 문에는 젊은 청년 두 명이 옛 수문장 옷을 입고 서 있었다. 그걸 보니 덕수궁 문 앞 광장에서 조선시대 근위병들의 화려한 교체식 퍼레이드가 열리던 일이 생각났다.

연지문 안으로 들어서자 허공에 달린 단오 등 터널에는 갖가지 소원을 적은 소원지가 길게 꼬리를 달고 흔들거렸다. 나도 진지하게 소원을 적어서 꼬리를 이었다.

여기저기 볼거리가 많은 중에 맨 먼저 야외 특설 무대로 발길을 재촉해 보니 연지곤지를 찍은 춘향과 이도령 복색의 노인들이 짝을 지어 귀여운 모습으로 예쁜 춤 놀이에 한창이었다. 우리 얼 정가 무대에선 초등학생으로 보이는 소년 소녀들이 반듯한 자세로 앉아서 장단에 맞추어 옛 시조 가락을 읊조렸다.

근래 보기 드문 이색적인 볼거리였다.

그 옛날 내가 어릴 적에 우리 셋째 백부의 둘째 아드님이신 ○○오빠가 결혼하던 날 사랑채에선 우리 집안 친척 어른들과 친구분들이 무릎장단을 치며 시조 가락을 읊으시던 일이 머리를 스쳤다.

민요나 트로트 등, 수많은 유행가요들의 장르가 있지만, 우리의 옛 시조가락을 정가라고 칭하는 걸 오늘에야 알았다. 단옷날 오후 세 시경에야 공원을 찾은 나로선 단시간에 많은 체험을 원하니 한곳에 길게 머물 여유가 없었다. 무엇보다 연꽃이 얼마나 피었는지 보고 싶었다.

덕진 연못의 중심부를 가로지르는 연화교 위에서 사방을 둘러보니 너른 연못은 푸른 연잎으로 그느 자 있다. 물 위를 떠나니는 오리배와 거북선이 한가롭다.

나도 내 어머니와 함께 저렇게 뱃놀이를 하고 싶었지만 어머니의 연세가 워낙 많고 거동이 불편하니 그림의 떡일 뿐…….

단옷날의 분위기를 살리기 위함인지 연화교를 기점으로 오른쪽의 절반쯤에만 분홍 연꽃이 활짝 피어 있어서 얼마나 반가웠는지…….

만일 연꽃이 전혀 안 핀 상태라면 무척 실망스러웠을 텐데 참으로 다행이었다. 연화교를 건너니 연화정의 뒤쪽에선 유로번지, 에어바운스, 미니기차, 바이킹 등등 어린이들의 즐거운 놀이장이 펼쳐져 있었다.

휴일이라 어린이들과 젊은 아빠 엄마들의 즐거운 풍경이었다. 소나무 숲에선 '네 잎 클로버' 란 이름의 4인조 그룹사운드가 통기타를 치면서 관중과 더불어 신나게 노래를 불렀다.

유명 가수들은 아닌 것 같고 오륙십대쯤으로 보이는 취미 활동 동우회원들이 아닐까 짐작해 보았다. 나도 저분들처럼 악기 한 가지라도 잘 다룰 줄 알아서 저렇게 대중들을 즐겁게 해줄 수 있다면 얼마나 행복할까.

그리고 좀 전에 무대 위에서 연지곤지 찍고 즐겁게 춤을 추던 귀엽게 보이는 노인들처럼 나도 그런 재주가 있었으면 얼마나 행복할까…….

제 54회 전주 단오절 프로그램 일정표를 보니 이틀에 걸쳐서 씨름대회와 윷놀이, 민속놀이 체험, 쌈지공연, 음악과 무용, 미술, 시 낭송 등 다채로운 단오 잔치가 열린 것 같다.

오늘 잠깐이나마 단오 축제에 참여할 수 있었음에 감사하는 마음이다. 이젠 귀가해야 할 시간이 가까워지니 연신 손전화기로 시간을 확인하였다.

연화정 아래의 연못 물에서 머리를 감는 여인네들을 따라서 나도 연못물 속에 발을 담갔다. 한 20분간 묵주기도를 바친 후에 연못물을 병에 담아서 가져왔다.

덕진 연못은 예로부터 신선 약수터로 알려져 왔다. 그리하여 단오절에는 물맞이를 하기 위해 아낙들이 전국 각지에서 모여들어 단오절 먼동이 트기 전부터 장사진을 이뤘다.

나의 가려움증도 나을 것 같은 생각이 들었다. 마음 같아선 더 오랫동안 구경을 하고 싶었지만 어머니와 남편이 기다릴까 조바심이 나고 저녁 준비 때문에 아쉬운 발길을 돌릴 수밖에 없었다.

예로부터 단옷날에는 여인들의 그네뛰기와 남자들의 씨름대회가 가장 관심사였는데 오늘 그네 뛰는 모습을 못 보아서 아쉬웠다.

그러나 오늘은 모처럼 보람 있는 단오절을 지낸 것 같아서 집으로 돌아가는 발길이 가벼웠다.

덕진공원

단옷날이 지난 후 정확히 열이틀 후인 열이레, 오늘은 비가 많이 내렸다. 아침 9시에 집을 나서는데 빗줄기가 세차진 않았지만 제법 꾸준히 내리는 편이었다.

그래도 용감하게 빗속을 뚫고 40분 정도 걸어서 대학병원에 도착했다. 옷이 젖어서 직원들이 입는 근무복을 얻어 입고 봉사활동을 했다. 내가 하는 일은 환자와 보호자들에게 도서를 대여해주고 받아들이는 일이다. 평생 동안 직장 생활만 하느라 남을 위해 봉사한 일이 없기에 늦게나마 선택한 일이다.

오전 봉사를 마치고 점심식사 후에 걸어서 집으로 돌아가는 길에 문득 덕진공원에 연꽃이 만발했겠다는 생각이 들어서 발길을 공원 쪽으로 돌렸다. 예상했던 대로 너른 연못 전체에 연꽃이 만발하여 장관을 이루고 있었다. 구름 낀 하늘 아래 산들바람이 살랑거리고 연꽃 향기가 짙게 풍기는 덕진연못은 여기를 봐도 저기를 봐도 온통 분홍 연꽃 바다였다.

사람들의 마음은 이심전심으로 통하나 보다. 오늘은 비가 오락가락하는 날인데도 공원을 찾는 이들이 많았다. 해를 가리기 위해 양산을 쓸 일도 없고 오히려 비 내린 후의 산들바람이 상쾌하고 뿌듯한 심경이었다. 저들도 그런 걸 감안해서 왔나 보다.

사진기를 들고 연꽃을 찍는 이들, 나처럼 그냥 꽃구경에 취한 이들 모두가 흐뭇한 표정이다. 오후 두세 시경인 이 시간에 공원을 찾는 이들은 대부분이 시간에 구애받지 않는 사람들이리라. 뿌듯한 행복감으로 하느님께 감사를 드렸다.

오늘도 연화정 아래의 연못 물에 발을 담그고 묵주기도를 드렸다. 비가 내린 후라 음악 분수 쇼는 연출 시각이 되었는데도 볼 수 없었다. 그러나 사방이 연꽃으로 둘러싸인 연못의 한가운데에서 음악 분수 쇼가 실제로 펼쳐지는 장면을 상상해 보았다.

참으로 아름다운 정경이리라. 밤의 분수 쇼는 휘황찬란한 조명 불빛으로 더욱 환상적이겠지. 나의 눈앞엔 왈츠곡에 맞추어 리드미컬하게 춤을 추던 분수가 갑자기 빠른 템포로 격렬한 물줄기를 하늘 높이 솟구친다. 상상의 분수 쇼에 취한 나의 어깨도 음악에 맞추어 신나게 들썩인다.

수상무대 주변에는 백련꽃이 만발해서 더욱 이채롭고 즐거웠다. 전엔 백련꽃은 없었는데 최근에 심은 것 같다. 상상의 분수 쇼에 도취해 있는 중에 큰 빗방울 하나가 얼굴에 닿나 싶더니, 이내 후두둑 후두둑 굵은 빗방울이 떨어지기 시작한다.

갑자기 빗줄기가 세차진다. 얼른 우산을 펼쳐들고 아쉬운 발길을 돌려 집으로 향했다. 나의 마음속에는 아직도 덕진연못의 백련과 홍련이 가득 핀 속에서 아름다운 분수가 춤을 춘다. 원광대학 한방병원 옆으로 새로 뚫린 길을 걸으며 덕진공원을 사랑하는 상념에 잠겼다.

삼십여 년 전의 일이다. 전주로 이사를 올 때 덕진연못에서 아주 가까운 세원아파트에 둥지를 튼 이유는 조석으로 공원에 가서 연꽃 구경도 실컷 해보리란 희망이 많이 작용한 때문이었다.

그러나 막상 엎어지면 코 닿을 만한 곳에 살면서도 공원을 찾는 기회는 흔치 않았다. 목구멍이 포도청이란 말처럼 어른들은 직장생활에 아이들은 학교 공부에 바쁘니 어느 세월에 공원 산책을 할까! 3월 직전에 이사를 온 후 어린이날을 맞았을 때 막내아들은 5학년 큰딸은 고1이요 둘째는 중1이었다. 어미가 모처럼 간식을 준비하여 삼남매에게

"애들아, 오늘은 어린이날이라 학교도 안 가니 모처럼 덕진공원으로 소풍을 가자."

제안하였을 때 아이들은 하나같이 달가운 표정이 아니었다.

어미가 사정을 하여 공원으로 몰고 갔다.

막내아들조차 별로 시들한 눈치인 게 참으로 이해할 수 없고 섭섭한 느낌이었다.

'이 아이들이 이젠 어린이가 아니구나! 내 자식이라고 내 맘대로 되는 일이 아니구나!'

하는 생각이 드니 섭섭하기 한량없었지만 그들의 의사를 존중해야 할 때가 되었다는 걸 깨달을 수밖에 없었다.

누구나 덕진공원을 생각하면 연꽃을 떠올린다.

연못의 총면적은 99.174㎡인데 그 중에서 42.975㎡의 면적이 연꽃의 자생지이다. 너른 연못에 초록빛 작은 파라솔을 수만 개 펼쳐 놓은 듯한 사이사이로 연분홍빛 연꽃이 우아하고 아름답게 만발한 정경을 생각해 보라. 물결에 따라 넘실넘실 춤추며 바람결에 풍기는 꽃향기는 이곳을 찾는 이들에게 행복을 가득 안겨주는 전주 8경 중의 하나이다.

덕진공원의 유래는 후백제를 건국한 견훤 왕이 도시의 방위를 위하여 늪을 만들었다는 이야기도 있고, 전주가 삼면이 산으로 둘러싸인 분지인데 북쪽만 낮게 열려 있어서 지맥이 흘러내리지 않도록 가련산과 건지산의 사이에 제방으로 막아 저수함으로써 지맥이 흘러내리지 않도록 했다는 풍수지리설이 있다.

내가 공원 곁에 살 적에는 공원 입장료가 있어서 아침 일찍이나 저녁 늦은 시간에만 무료입장이었다.

이젠 공원도 자유롭게 개방되고 조경사업도 더욱 아름답게 잘되어 있어서 명실공히 전주시민들의 사랑을 받는 쉼터이다.

조경수 사이사이에는 이 고장이 배출한 인물들의 기념비와 시비들이 세워져 있어서 후손들에게 애향심을 고취시켜준다.

이젠 우리 가족들도 사방으로 흩어져서 살고 있기에 이곳을 찾는 일이 쉽지 않다. 그러나 형제들이 모두 모이는 기회가 있을 때마다

“덕진 공원에 바람이나 쐬러 가자” 고 이구동성으로 말한다.

내년 단옷날엔 남편과 어머니를 모시고 연꽃 구경을 해야겠다.

들꽃

천변 산책 중에 길가에 핀 꽃들을 바라보면 기쁘고 행복하다. 그들은 작은 씨앗이 땅에 떨어져 겨우내 꽁꽁 언 땅속에서 꾹 참고 이겨내며 끈질기게 살아남아 꽃을 피운다.

가뭄에 말라 죽지도 않고 가꾸어 주는 손길이 없어도 저 홀로 자라서 꽃을 피우는 들꽃, 천변 둔치의 풀숲에 섞여 특별히 누가 알아주지 않아도 세상을 아름답게 하고 우리의 마음을 기쁘게 해주는 들꽃들이 있어 우리는 얼마나 많은 위로를 받고 행복했던가!

제아무리 아름다운 미녀가 화려하고 멋있는 드레스를 입고 폼을 잡고 서 있어도 이들보다는 더 아름답지도 우리에게 기쁨과 위안을 주지도 못하리라.

창공을 나는 새들은 저장해둔 양식이나 안락한 보금자리가 없어도 항상 즐겁게 노래하며 자유롭게 훨훨 날아다닌다.

하물며 만물의 영장인 사람인데 이름 모를 들꽃보다 더 아름답게 행복하게 살 수는 없을까?

한갓 미물인 새들보다 더 자유롭게 즐겁게 살 수는 없는 것일까? 사람을 구속하는 것은 무얼까?

아무래도 자기 자신의 이기심 때문인 것 같다. 먹을 양식이나 살 집이 없는 것도 아니고 오히려 남들보다 더 가졌는데도 '이만하면 되었다' 고 만족하지 못하고 갈증을 느끼는 이유는 비교 심리 때문인 듯도 하다.

옆집의 아들딸들은 서울의 명문대학에 갔는데 내 아이는 지방대학교엘 갔다고 자존심 상할 일도 아니다. 대학교 졸업 후에 내 아이가 더 마음에 드는 일자리에서 더욱 행복한 삶을 살 수도 있는데 무엇 때문에 미리 걱정을 하는가. 친구의 남편은 퇴직 후에도 건강하여 등산도 잘 다니고 괜찮은 일터에 초빙을 받아 돈도 잘 벌어들이는데, 내 남편은 그렇지 못하여 은근히 부럽다고 생각하는 사람은. 꼭 그렇게만 생각할 일이 아니다.

연금이 나와서 일을 안 해도 의 · 식 · 주가 걱정이 없고, 나보다 더 예쁘고 똑똑한 친구도 일찍이 남편을 사별한 경우도 많은데, 항상 나를 지켜줄 든든한 남편이 곁에 있다는 사실이 얼마나 감사하고 행복한 일인가.

내 이웃들은 새로 지은 더 비싼 아파트로 이사를 갔는데 난 십 년이 가도 백 년이 가도 그 자리에만 살아야 한다 해도 그건 별로 큰 문제가 아닐 것이다. 태풍이 몰아쳐도 끄떡없이 안심하고 살 집이 있다는 사실은 크게 감사할 일일지언정 걱정할 일은 아니다.

신종 유행어로 상대적인 빈곤이라는 말이 있다. 의 · 식 · 주 걱정이 없는데도 남과 비교하여 부족함을 느낀다는 뜻이다. 사람은 자신의 가슴속 한치의 마음을 잘 다스릴 수 없어서 행복할 수도 불행할 수도 있는 것 같다.

내적으로 겸손하고 감사하며 사는 사람과 그렇지 못한 사람의 차이인 것이다.

내면에 온갖 자존심과 열등감, 욕심이 채워져 있을수록 그만큼 상처도 깊고 큰 것 같다. 나에겐 안 좋은 일이 생기면 절대로 안 되고, 내 가족은 더 똑똑하고 잘나야 되고, 최고이기를 바라는 사람에겐 한시도 평화가 없고 긴장과 불안을 안고 살 수밖에 없으리라.

나도 넘어질 때가 있음을 인정하고 남들의 기쁨에 진심어린 박수를 보내며 더불어 상생 공존하는 인간미를 가질 때 사람 냄새가 나는 사람이다.

진정한 자유인은 좋은 것 나쁜 것, 높은 것 낮은 것, 부유한 것 가난한 것, 건강한 것 병든 것 어느 한쪽에도 치우치지 않고 무엇이나 받아들일 마음의 자세를 가질 때 가벼워지고 자유로워지리라. 이제는 마음을 비우는 연습을 해야겠다.

지금까지 나에게 주신 모든 것에 감사하고 더 갖기 위해 움켜쥐었던 손을 스스로 펴야겠는데 그것이 잘 안 된다.

항상 긍정적인 사고를 가지고 사물을 대하고 이웃을 바라보아야겠다. 내 삶의 주변에 인연을 맺고 사는 남편과 자녀들, 친척과 친구들, 항상 눈만 뜨면 쉽게 만나는 이웃들을 소중히 여기며 그들에게서 섭섭함을 느꼈을 땐, 좋았던 일들을 떠올리며 이해하면 금방 마음이 편해지리라.

들에 핀 작은 꽃들이 메마른 인간의 마음을 기쁘게 하고 평화를 주듯이, 창공에 나는 새들이 먹을 것 입을 것 걱정 않고 즐겁게 자유롭게 노래하듯이 우리네 사람들도 겸손한 마음으로 작은 일에도 감사하며 산다면 꽃처럼 아름다워지고 새들처럼 자유로워지리라.

그리운 친구

지난해 제헌절에 고향 여산에 가서 초등학교 동창회를 마치고 전주로 돌아가는 버스 안에서 나와 동갑인 여류 문인 J씨의 부음을 들었다.

'어머! 이럴 수가……. 언제나 화사한 모습으로 문학 행사마다 빠짐없이 참여하며 건재하던 그녀가 가다니.'

믿기지 않는 사실이었다.

그로부터 한 달도 지나지 않은 어느 날 이른 새벽 전화벨이 울렸다. 주인공은 친구 G의 남편이었다.

"선생님의 친구 ㅇㅇ씨가 한 많은 이 세상을 떠났습니다."

"언제 왜 그랬어요?"

"어제 저녁 열무김칫거리 다듬어 놓고서 아홉 시경에 샤워한다고 들어갔는데, 한참이 지나도 안 나와서 들어가 보니 쓰러져 있었어요.

서둘러 원대병원으로 옮겨 뇌수술을 했지만 기어이 떠났습니다."

"예, 무어라 위로의 말씀을 드려야 할지……, 잘 알았습니다."

평소에 가깝던 친구들과 조문을 갔다.

그날은 장대비가 쏟아졌다. 그래도 대전, 강경, 익산, 전주 등지에서 친구들이 모두 모였다. 영정 사진을 대하니 기가 막혔다.

아픈 데도 없었고 건강하던 그가 꿈도 아닌데 이럴 수가 있을까,

항상 착실한 현모양처라 자기 집 살림밖에 모르던 그는 동창회에 참석하는 일도 드물었다. 아직 갈 때가 전혀 아닌데 무엇이 급해서 그리 서둘러 떠났는지. 고인의 남편과 1남 3녀의 자녀들, 며느리와 사위, 손자 손녀들, 고인의 셋째 언니와 막내 여동생은 우리 고향의 선후배이기에 낯이 익은 사이지만 너무 비통하여 서로 할 말을 잃었다. 팔순이 훨씬 넘으신 큰언니가 통곡했다.

"아이고, 내 동생이 갔네. 아이고, 내 동생이 가다니, 이게 웬 일이랴!"

언니의 슬픔을 아는지 모르는지 고인은 말없이 내려다보고만 있었다. 이 세상에 올 때는 순서대로 왔어도 갈 때는 순서가 없다더니 정녕 그런가 보다. 황망히 떠난 친구를 추모하며 나는 그 밤을 장례식장의 한쪽 구석에 있는 가족 휴게실에서 고인의 자매들과 함께 지새웠다. 그날 그곳에서 나는 어릴 때의 내 친구 P가 지병으로 타계했다는 소식도 듣게 되었다. 너무 충격적이었다.

P를 중학교 졸업 후 사십여 년 만에 서울에서 만났을 때 나는 그의 변신에 깜짝 놀랐다. 그때의 우리들 나이는 오십오 세쯤 되었을 때인데, 늘씬한 키에 세련된 맵시를 보며 어쩐지 주눅이 드는 기분이었다. 그런

데 그 친구가 타계 했다니 이 또한 믿을 수 없는 사실인 것을…….

산 사람은 살아있기에 친구를 여읜 장례식장 옆방에 누워서 서울에 올라가 살고 있는 고향 친지들의 소식도 묻고, 그 동안 살아온 이야기들도 나누다 보니, 짧은 여름밤은 먼동이 텄다. 발인 날 아침엔 고인이 생전에 살던 집의 이곳저곳을 둘러본 후 화장터로 가서 한 줌의 유골단지에 담겨 나왔다.

시립 공원묘지의 영묘원에서 마지막 유교식 제사를 지내는데 고인의 남편께서 아내를 위해 정성이 가득 담긴 고별인사를 하시며 큰절을 드렸다. 그분의 주재로 시댁과 친정의 형제와 조카들, 그리고 고인의 자녀들이 배우자들과 함께 큰절을 올렸다.

아직 시집 안 간 막내딸은 애절한 울음소리로

"엄마, ㅇㅇ씨를 막내 사위로 받아 주세요. 엄마."라고

마지막 인사말을 하며 막내사윗감과 둘이 절을 드렸다.

꼼꼼한 엄마가 생전에 막내 사윗감을 속 시원히 허락하지 않아서 애를 태웠었나 보다.

제사를 지내는 동안 나는 나의 장례식 모습을 떠 올려 보았다.

나의 가족들이 상복을 입은 모습으로 바뀌어 보이기도 했다. 인생이 무상함을 새삼 절감했다.

집으로 돌아온 후에도 고인이 된 친구 G와 P 그리고 문우였던 J의 상념에서 벗어나지 못했다. 갑자기 초등학교 때의 죽마고우 두 사람과 동갑내기 문우를 한 해에 잃은 나는 한동안 시시때때로 그들의 모습을 떠올리며 명복을 빌었다.

잠자리에 누워서도 어릴 적 함께 학교 다닐 때의 그들의 모습을 그리

며 이름을 불렀다.

'○○야, ○○야, 너희들이 가다니, 얼마나 아프면 그렇게 갔니.'

그들이 서둘러 떠나는 걸 보며 '나도 갈 날이 가까워졌구나.' 여겨졌다.

나의 건강이 안 좋은 증상이 나타날 때마다 그 친구들의 얼굴이 떠오르곤 한다. 요즘도 성당에서 미사 중에 고인이 된 친구들의 영혼을 위해 기도드린다.

누구나 한 번은 가야 할 길이니

'오늘이 내 생의 마지막 날이라'는 생각으로 잠자리에 들어야 한단다. 죽음을 앞둔 사람은 본인 주변의 정리정돈도 제 손으로 미리 잘 해두어야 좋겠지. 남과 다툴 필요도 없고 쓸데없이 욕심을 부리지도 말아야 할 것이다.

한순간 한순간을 아끼며 겸손한 마음과 감사한 마음으로 서로를 용서하고 사랑하며 홀가분하게 비워진 맑은 마음으로 종말을 맞아야겠지.

그렇다. 좋지 않은 사건 사고는 남들에게나 일어나는 일이고, 나는 백 년 가까이 영원히 살 것 같은 어리석은 생각에서도 깨어나야겠다.

그런데 말은 그리 하면서도 주변 정리정돈도 못한다.

어떤 친구는 이젠 고희를 바라보는데 사진은 찍어 뭘 하나, 나 떠난 후 자녀들이 부모 사진 태우는 불효를 않도록 내 손으로 없애줘야지. 그런 말을 들으면 옳은 생각이라 여겨지면서도 예쁜 꽃밭을 보면 사진을 찍고 싶어진다.

걱정 보따리는 멀리 집어던지고 마음 편히 사는 사람이 현명하다 말은 하면서도, 내 마음속엔 어느새 자식 걱정 형제 걱정 등, 이런저런 걱정 근심에서 벗어나지 못한다.

욕심도 버리지 못한 채 그대로 안고 있다. 나의 이성으론 하느님 보시기에 좋은 모습으로 살고 싶고, 이웃을 내 몸처럼 사랑하며 살고 싶지만, 머릿속 생각으로만 맴돌 뿐 몸으로 실천하질 못한다, 선한 내 마음 곁엔 또 하나의 나가 도사리고 있는 것 같다.

내가 이승을 떠나 하느님 대전에 나갈 경우를 생각해서라도, 제발 하느님 두려운 줄 알며 살아야 할 텐데…….

아침마다 눈을 뜨면 '오늘도 새날을 허락하시고 생명을 주시니 감사합니다.' 라고 하느님께 찬미의 기도를 드린다.

내 고향

이십 리 삼십 리 길은 보통 걸어 다니던 시절의 이야기이다.

'여산은 옛 고을 호남의 첫 고을 그 역사 몇천 년 나리어 오면서……'

오곡백과가 풍성한 가을 밤 전깃불도 안 들어오던 시절 일찌감치 잠자리에 들었던 사람들은 갑자기 '둥둥……' 울리는 북소리와 목이 터져라 불러대는 교가 소리에, 옷매무시를 대충 여민 체 신발짝도 거꾸로 꿴 채 성급히 신작로로 나온다. 교교한 가을 달빛 아래 선생님들과 릴레이 선수들이 우승기를 펄럭이며 트럭을 타고 저만큼 멀어져 가고 있었다.

자랑스러운 선수들을 향해 손을 마수 흔들던 주빈들 역시 신나서 못 견디겠다는 듯 이야기꽃을 피운다.

"그 뭣이냐 우리 핵교 선수 유정근이 그 지지배는 담박질할 때 어찌

나 빨릉가 발도 안 보이데. 발에 오토바이 발통 달았는가 벼."

회심의 미소를 지으며 아쉬운 듯 집안으로 들어가던 때가 엊그제 같은데, 희끗희끗 백발로 변해 가는 이들의 가슴속에 이제는 아련한 그리움으로 남아있다.

나도 그때는 언니 오빠들 졸졸 따라다니는 조그만 초등학생이었는데…….

그때는 해마다 운동회 날이면 인근 초등학교인 '황화, 망성, 여산, 금마' 의 릴레이 선수들이 한마당에 모여서 경주를 하고, 이긴 팀이 우승컵이나 우승기를 타갔다.

여산학교가 우승하는 날은 저처럼 승전고를 울리며, 그 시대엔 그토록 귀하던 트럭을 얻어 타고 온 고을을 빙빙 돌았다. 지금 생각해 보면 그 당시에는 고향 출신 교사들이 아주 많아서 학교에 자랑거리가 생기면 더욱 자지러지게 기뻐하고 흥분을 감추지 못했었나 보다.

'고향' 이란 말은 언제 들어도 그리움과 훈훈함 그리고 사랑이 가득 배인 말이다. 남북 이산가족도 아니고 수백 리 머나먼 곳에 있는 것도 아니지만 그렇다. 마음만 먹으면 버스로 삼사십 분이면 족히 갈 수 있는 가까운 곳에 살고 있으니 나는 참 행복한 사람이란 걸 나이가 들을수록 깨달아진다.

여행길에 차를 타고 고향 땅을 지나칠 경우엔 내 고향 여산이 시작되는 경계선부터 산천과 들을 샅샅이 훑어보며 가다가 고개를 뒤로 빼고 고향 땅이 안 보일 때까지 바라보는 게 습관이다.

십 년이면 강산이 변한다더니 요즘은 하룻밤 사이라면 너무 지나친 표현이지만, 일이 년 사이에도 강산이 변하고 있는 시대가 아닌가.

그런데 내 고향 여산은 어쩜 그리도 산천이 의구한지, 사는 이들은 낯선 얼굴들이 많으나 강산은 거의 변함이 없는 것 같다. 그래서 한때는 그게 불만스럽게 생각된 때도 있었다.

그러나 지금 생각하니 변하지 않는 고향 마을이 있어서 더욱 정답고 정말 내 고향 같은 생각이 들어서 개발이 안 되고 있는 게 다행스러운 것도 솔직한 심정이다. 여산으로 호남고속도로가 지나치게 되니 두메산골 벽촌에 살던 내 친구 순자네 마을이 훤한 길가 마을이 되었다.

언젠가 휴게소에 내려서 손자들에게 줄 과자 좀 살까하고 들어갔더니

"선생님!"

하고 부르기에 돌아보니 내가 사랑하던 제자 민정이었다.

그곳 방송실에서 안내 방송을 담당하고 있단다. 뿐만이 아니라 눈여겨 자세히 보니 옛날에 그 동네에 살던 알만한 학부형들이 그 휴게소 식당이나 각종 코너에서 근무하고 있었다.

웃으며 반갑게 인사를 나누고 사양을 해도 자꾸만 갖다 줘서 어묵이니 호두과자니 잘 얻어먹었다.

유니폼에 빨간 삼각 모자를 쓴 멋진 그들의 활기에 찬 모습을 보니 절로 흐뭇한 웃음이 나왔다.

'참 많이 발전했구나. 저와 같은 일거리들이 우리 고향 땅 여산에 더 많이 생기면 주민들의 생활이 훨씬 피어날 텐데……. 우리 고장에 우뚝 솟은 천호산에서 금광이 발견된다면, 온천수가 발견된다면 얼마나 좋을까!'

천호동굴이 발견되면서 천호산 쪽으로도 버스가 다닌다.

언젠가 처음에 발견되고 개발이 별로 안 되었을 때 동굴의 안에 들어

가서 보니 아주 장관이었다.

천장으로부터 석회순이 길어져 사람, 동물, 탑, 성곽 등 갖가지 형상을 이루고 있는 기기묘묘한 모습들은 필설로 표현할 수 없을 만큼 장관이었다.

미국 서부 관광 때 보았던 '브라이스 캐니언' 도 물속에 잠겨있던 계곡이 돌출된 국립공원이란다. 철성분이 많은 붉은빛 사암으로 이뤄진 첨탑들이 천상과 지옥과 현세를 통합하여 의도적으로 상징한 것처럼 구체적인 예술 조각품 전시장 같았다. 세계 각국에서 모여든 갖가지 인종들이 와서 보고 경탄하던 그곳도 자연이 이뤄낸 신들의 작품이었고, 우리의 천호동굴도 자연이 빚은 신의 작품임은 매일반이다. 우리의 천호동굴도 단양팔경 중의 하나인 고수동굴처럼 관광객들을 많이 유치할 수 있도록 지방자치단체장들은 연구해야 하지 않을까?

내 고향 여산은 얼핏 생각하면 아무런 특징도 없고 자랑거리도 없는 고장인 것 같지만, 교가에도 나왔듯이 호남의 첫 고을로서 현감이 계셨던 큰 고을이었다.

우리나라 국문학사에 길이 빛나는 '가람 이병기 선생' 께서 태어나 살던 고향이기도 하다. 그리고 가슴이 아플지언정 결코 자랑할만한 일은 못 되지만 천주교도들의 순교 성지로 유명한 곳이기도 하다.

조선시대에 천주교에 대한 탄압이 자심하던 시절에 여산 천호산 근처에 숨어 살던 교인들을 끌어내어 동헌의 감옥에서 갖가지 형벌을 가해 수많은 순교자들이 발생한 성지인 것이다.

악형 중에서도 얼굴에 백지를 덮고 물을 뿌리고 또 백지를 덮어 물을 뿌리는 일을 거듭하여 겹겹이 덮인 백지로 질식해서 죽게 했다는 백지

사 터가 지금도 동헌마당의 누각 정자 아래쪽에 그대로 보존되어 있다.

높은 누각에 올라 앉아서 숨을 못 쉬어 헐떡이다 죽어가는 천주교도들의 모습을 보면서 현감은 무슨 생각을 했을까. 그곳 돌비석에 새겨진 글을 읽어보니, 감옥 안에서 몇날 며칠 동안 먹을 것을 주지 않고 굶기다가 밖으로 내보내면서 밥을 얻어먹고 오라고 하면, 주민들이 관헌의 눈이 무서워 밥도 안 주니 도로 감옥으로 기어들어왔단다. 이젠 경로당으로 사용되는 옛 동헌에는 지금도 대원군의 척화비가 서 있어 어두웠던 역사를 여실히 증명하고 있다.

이젠 천주교 전주교구에서 천호산 아래 비봉과 화산면이 위치한 쪽으로 성지를 조성하니 순례객들의 방문이 빈번하게 되었다. 예전에 내가 중학교에 다닐 땐 이곳 비봉, 화산 등지에서 삼십 리도 넘는 멀고 험한 산길을 지나 여산중학교에 다니던 동문들이 있었다. 나와 한반이었던 그 머시매들의 얼굴 모습이 생생히 떠오른다. 지금 생각해 보니 조석으로 왕복하면 육십 리 길인데 어떻게 그렇게 해냈을까? 그들의 향학열은 참으로 대단했던 것 같다. 지금은 백제예술전문학교가 가까이에 세워졌고 천호산을 끼고 빙빙 돌아가는 도로들이 잘 개발되어 있어서 시내버스도 다닌다.

여산엔 유난히 해묵은 느티나무들이 여기저기에 많이도 서 있다. 오래 전부터 유명한 고을이었기 때문일까?

'여산 동헌' 을 중심으로 앞쪽과 뒤쪽에 그리고 옆편으로 하늘을 찌를 듯이 높고 넓게 서 있는 느티나무들. 몇백 년이나 되었는지 알 수도 없는 이들은 단옷날엔 그네를 매어 아가씨들이 댕기머리 흔들며 치마를 펄럭이며 그네를 뛰었었지. 지서와 터미널의 뒤편 언덕 위에는 커다란 느티나무가 다섯 그루 나란히 줄을 지어 서 있다. 여름이면 우거진 나뭇가지와 잎새들 속에서 매미는 맴맴 노래하고 세상에서 가장 크고 너른 채알을 친 것 같은 그 그늘은 좋은 쉼터였다.

그늘 아래 멍석을 깔고 마을의 할아버지와 어린 손자들은 부채질하다가 잠이 든다. 고목에 패인 큰 구멍은 어른도 몇 명쯤 드나들 만해서 개구쟁이들이 들어가 소꿉놀이도 하고 숨바꼭질하기에도 안성맞춤이었지.

지난 늦가을 고향에 갔을 땐 그 느티나무들이 저마다 낙엽을 떨구느라 한창이었다. 수북수북 쌓인 낙엽 위를 걸으며 구르몽의 시 한 수를 읊조리며 행복했었지. 동헌마당에서 십 미터쯤이나 떨어진 곳엔 나의 모교 여산초등학교가 있다. 그곳에 가 보면 울 아버지와 오빠 언니들 그리고 내가 다녔던 목조 교실들은 간데없고, 대신에 붉은 벽돌로 지어진 2층 현대식 건물이 멋있게 서 있다. 해묵은 은행나무와 교실 옆의 느티나무들, 그리고 학교를 옹위하고 있는 장태산이 나를 반겨준다.

장태산에는 우리 조상님들의 선산인 '닥작골' 이 있고 울 아버지도 그곳에 잠들어 계신다. 태곳적부터 내려오는 이 고장의 전설과 개교한 지 백여 년이 되어 가는 모교의 모든 역사들을 다 알고 있을 신비로운 이 고목들은 언제 만나도 정답다. 옛집에 온 것처럼 낯설지 않고 미더운 나의 친구들이다.

예전엔 모든 차량들은 지서 앞 삼거리를 통과해야만 논산훈련소나 강경, 익산이나 전주 등지에 갈 수 있었다.

이젠 직통 도로들이 뚫려서 이 길은 거의 외면을 당하고 주로 시내버스와 승용차들이 왕래하는 것 같다.

여산면 소재지의 상가들은 여전히 구태를 벗지 못한 채 5일장도 겨우 명맥을 이어가는 졸아든 모습이다. 어릴 적엔 지서 앞에서 배다리까지 이어진 도로가 그렇게 길게 여겨졌는데, 장성한 후에 걸어가 보니 전혀 그게 아니었다.

더운 여름날 낮에는 남정네들이나 꼬마들이 멱감고 물장구치고, 해가 지면 아낙네들의 웃음소리가 꽃피던 큰 냇가에는 내 어린 시절의 온갖 꿈과 낭만이 서려 있었다.

이 엄청나게 큰 강처럼 기억되던 냇물이 지금은 물도 적고 오염되어 옛날의 모습을 전혀 상상할 수조차 없다. 그러나 아무리 세월이 흘러도 그리운 내 고향은 어머니의 따뜻한 품이다.

내가 마지막 숨을 거두는 그날까지도 가장 잊지 못할 그리운 내 고향과 함께 놀던 동무들이 그립다.

6부 행복이란 파랑새는

추억의 단상

너를 못 만난 지 벌써 다섯 달이나 되어 가는데, 앞으로도 거의 일 년 가까이 볼 수가 없을 테니, 엄마는 네가 어린 시절 자랄 때의 모습이나 눈에 그리며 위로를 삼아야겠다.

엄마가 아들을 생각하는 마음은 네가 어릴 적이나 지금이나 변함이 없는 것 같다. 아니 어릴 적에 자라던 모습을 생각하는 게 엄마에겐 더 큰 즐거움이란다.

아들이 어릴 때 네 아버지께선 어린애들의 사기를 돋우려면 꼬마친구들 대접을 잘해야 한다며, 아들의 친구들이 우리 집에 놀러 오면 하다못해 라면이라도 아낌없이 끓여 먹이라고 늘 당부하셨다. 그 시절엔 가죽 축구공이 꽤 비쌌는데 축구공이랑 야구 글러브와 방망이도 모두 사주니, 학교가 끝나면 꼬마친구들과 노느라 시뻘건 얼굴에 땀을 뻘뻘 흘리고 머리카락을 휘날리며 뛰어다니던 네 모습이 눈에 보이는 듯 선하구나.

낮엔 실컷 놀고 저녁엔 엎드려서 숙제를 하느라 글씨가 기러기 날아가듯 했지만, 그런 모습을 보며 빙그레 미소 짓던 그 시절이 아빠 엄마에게도 가장 행복한 때였나 보다.

초저녁부터 일찍 자고 새벽이면 일찍 일어나서 사과를 깨물며 공부하던 너는 아마 그때부터 새벽형 공부 스타일이 되었나 보다. 엄마는 과수원에 가서 새알 같이 자잘한 사과를 한 광주리씩 사다가 씻어서 방의 윗목에 놓으면 너는 그걸 먹으며 공부했지.

아빠 엄마는 네 공부 한번 보아줄 수 없을 만큼 바쁘게 살았지만, 항상 월말고사에서 일등을 하고 반장을 하던 네가 참으로 신통했지.

언젠가 우리 동네에 사는 너희 반 여자아이에게 너의 학교생활이 궁금해서 물어보았지.

"ㅇㅇ이가 반장노릇을 잘하니?"

"ㅇㅇ이는 웃기만 하고 애들도 안 때려요. 여자들한테도 지는 걸요."

하며 웃었다. 나도 덩달아 웃었다. 반 친구들한테 못되게 굴지 않으니 친구들이 좋아서 반장도 잘 시켜주었나 보다.

네가 중학교 다닐 때 엄마가 큰댁에 다니러 갔다가 돌아오는 버스 속에서 우연히 너를 보게 되었는데 '내 아들이지만 참 잘생겼다.' 며 속으로 웃었다. 아마 엄마는 팔불출인가 봐.

중학교 다니던 어느 일요일에는 기술과목 숙제라며 강철로 옷설이를 만들어 플라스틱 코팅을 한다고 못 쓰는 플라스틱 그릇을 달라고 하기에 찾아서 주고는 성당에 갔었지.

돌아와 보니 창문은 모두 열려있는데도 플라스틱 녹인 냄새는 온 집안에 진동을 해서 머리가 아픈데, 아들은 아직도 코팅한 것이 마음에 안 든다며, 또 다른 그릇을 찾아달라고 하여 결국은 멀쩡한 숟가락 통까지 다 녹여서 열 번 스무 번을 다시 했지. 그래도 네가 원하는 매끄러운 코팅은 안 되고, 어딘가에 기포 하나쯤은 꼭 생기더라.

그럴 수밖에 없는 것인가 본데, 온종일 애를 쓰는 아들이 너무 안타까워서 이젠 그만하라고 야단을 친 일이 있었지.

무슨 일이든지 마음에 들 때까지 잘해보려는 집념이 대단했던 아들이었지. 네가 중학교 이학년에 올라가서 두 번째 월말고사를 보던 날,

학교에서 돌아온 네 얼굴빛이 별로 좋아 보이지 않았지.

"오늘 시험은 어떻게 보았어?"

"엄마, 둘째 시간에 시험지를 다 못 풀었을 때 끝나는 벨이 울렸는데 계속 풀었더니 선생님께서 제 시험지를 빼앗아 가시더니 구겨버렸어요."

그 말을 듣는 순간 나의 가슴도 철렁 내려앉는 것 같았지.

"그래서 네 안색이 그렇게 안 좋았었구나! 얘야, 너는 아직 중학교 이학년일 뿐이니 괜찮다. 전화위복이란 말이 있잖니, 고등학교 다닐 때나 대학교 입학시험에서 그런 일이 벌어지면 큰일이지만, 지금은 한 번쯤 그러한 경험을 해보는 것도 괜찮아. 앞으로는 시험 볼 때 조금 더 서둘러서 시간이 안 모자라게 해라."

엄마의 말을 들은 후엔 좀 안심하는 빛이 보였지.

언젠가 상산고등학교 일학년 때 시험기간인데 밤 열 시가 되어도 도서관에서 안 돌아오는 아들을 기다리다 못해 빵과 음료수를 사서 아버

지와 함께 도서관엘 찾아갔더니, 대낮처럼 불이 환한 도서관엔 학생들이 가득했었지. 어떤 학생에게 너를 좀 찾아달라고 부탁하여 아들이 나왔지. 그 때 아버지께서는 "입을 꽉 다물고 바르게 서!" 라고 하시더니 뺨을 힘껏 쳐 돌리는 걸 보고 엄마는 얼마나 깜짝 놀랐는지.

결국 아들은 못다한 공부 조금만 더 하고 곧바로 집에 가겠다며 도서관으로 다시 들어갔고, 돌아오는 길에 아버지께 왜 때렸는지 물으니, 평소에 미리 공부 안 하고 부모 속을 태우니까 때렸다고 하셨다.

네가 유치원 다니던 어린 시절에 앞집에 사는 개구쟁이 친구 대갑이에게 걸핏하면 얻어맞고 울며 들어오는 일이 많았지.

"왜 또 울어?"

"대갑이가 때렸어!"

힘이 센 아이한테는 힘이 부쳐서 얻어맞고, 자기보다 힘이 약한 어린 애한테는 맞싸우면 안 될 것 같아서 못 때리고 우는 아들을 보면 나도 속이 상했지.

어느 날은 아빠가 계실 때 울며 들어왔지.

"남한테 얻어맞고 울고 들어오는 새끼는 필요 없다!"
하시며 아빠는 너의 겨드랑이 어깻죽지를 움켜쥐고 남대천 냇물에 빠뜨려 죽이겠다고 질질 끌고 나가셨다.

"아버지, 용서해주세요, 다시는 울고 오지 않을 테니 용서해주세요."

겁에 질려 울며 애원하는 아들에게 단단히 다짐을 받은 후에 놓아주셨지. 그 뒤론 한 번도 울고 들어오는 일이 없었다. 모든 게 지나간 옛 추억이구나.

아들을 생각하면 저절로 힘이 생기고 미소가 떠오르게 되니, 이 모든 게 하느님께서 주신 은총이라 생각되어서 엄마는 죽는 날까지 하느님께 충성해도 모자랄 것 같다.

엄마의 기도는 하느님께서 잘 들어 주신다고 굳게 믿는다.

'오늘도 주님께서 아들 내외와 어린 손자들과 함께 계시며 안전하게 지켜주시고 바른 길로 인도하시며 늘 보호하소서.

솔로몬에게 주신 지혜와 용기를 주시어 남의 말을 듣고 올바르게 분별하고 판단하게 하소서. 착한 며느리를 주셔서 감사합니다. 항상 건강한 몸과 마음으로 온 집안을 따뜻하고 밝게 비추는 안해 되게 하소서. 어린 손자들과 손녀가 건강하고 씩씩하며 슬기롭고 예쁘게 잘 자라서 모든 이들에게 기쁨을 주는 훌륭한 일꾼들이 되게 하소서.

늘 하느님의 뜻에 따라 착하게 살며 조국에 충성하고 부모에게 효도하며 형제간에 우애하고 이웃을 사랑하는 자녀들이 되게 하소서.

'아멘.'

행복이란 파랑새는

오늘은 성령 강림 대축일이다. 고속버스의 내 옆자리엔 부부의 날에 사준 핑크빛이 화사한 노타이를 입고 아내에게 기대어 잠을 자는 남편이 있다.

성령은 누구일까?

마음속 깊이 계시면서 내가 빗근 길 가지 않게 신호등을 켜주는 하느님의 손길, 감사로 충만한 가슴속에 한없는 평화가 물결치는 오월이다. 오늘의 서울행 목적은 세 가지 행사가 겹쳐서이다. 생후 일곱째 이레를 맞는 손자를 보러, 그 아빠인 아들의 생일이 이틀 후이고, 그리고 손녀가 오늘 오후 네 시에 잠실 성당에서 첫 영성체식을 하는 날이기에 우리 부부가 동행하게 된 것이다.

전에 어머니께서 의정부 동생 집에 계실 땐 매월 서울행 외출을 했는데, 이젠 친정어머니께서 우리 집에 계시니 부득이한 경우에는 외출을 삼가하고 있다.

첫 영성체하는 손녀는 하얀 원피스에 화관을 쓰고 기분이 매우 좋은 듯한 표정이었다. 모처럼 아빠 엄마 오빠와 할아버지 할머니가 축하하러 성당에 왔으니 기분이 들뜰만도 하리라.

오늘이 있기까지 가타리나의 보호자 노릇을 열심히 해주신 고마운 로사리아 선생님께서 오늘은 부득이 예식에 참여를 못하실 형편이라니 매우 섭섭했다.

로사리아 선생님의 돌봄이 없었다면 오빠처럼 가타리나도 첫 영성체식에 참여할 수가 없었을 것이다, 예식이 진행되는 내내 의젓하게 또렷하게 당당하게 참여하는 우리 주현이가 정말 대견스러웠다. 첫 영성체식이 끝나고 계단을 내려올 때 교리를 담당하셨던 막내 수녀님께서 엎드려서 가타리나의 풀어진 구두끈을 잘 매 주셨다. 아빠 엄마가 꽃다발을 안은 딸의 모습을 이모저모 사진기에 담았다. 우리 가타리나의 첫 영성체를 위해 아빠와 엄마도 바쁜 시간을 쪼개어 성당에 동행하느라 그 동안 애를 썼다.

자녀의 신앙생활은 저절로 얻어지는 게 아님을 알게 된 이번 기회를 계기로 온 가족이 신앙생활에 한 걸음 더욱 가까이 다가가고 하느님 은총 속에 건강하고 행복한 성 가정을 이루면 좋겠다. 저녁엔 아들의 집으로 가서 생일축하를 하고 손자의 망종이레 축하 떡을 먹었다.

생후 반 백 일도 안된 손자 녀석은 먹고 자고 먹고 놀고 용트림을 하다가 방귀를 뽀옹~ 냄새도 구수하다. 다음 날은 일요일이어서 서초 성당에서 미사를 봉헌하고 점심식사 후에 터미널로 향했다. 오후 다섯 시

오십 분경 전주로 돌아가는 차창 밖으로 시선을 준 채 오월의 따사로운 햇살을 받으며 감사와 평화의 기도를 올린다.

모내기를 위해 써레질을 한 논엔 생명수가 철렁하게 가득 찼다. 이미 모가 심겨진 논에선 아기 모들이 나란히 줄을 지어 마치 운동장에 서서 아침 조회를 하는 풍경이다.

이렇듯 평화로운 농촌 풍경을 볼 때면 밀레의 만종이 생각난다. 담장마다 화려하게 늘어진 빨간 넝쿨장미가 아름다운 오월, 창공엔 부연 아지랑이가 눈부신 태양 아래 가물거린다.

집에서는 구십육 세의 어머니께서 대문 소리 날 때마다 내가 오는 줄 알고 귀를 쫑긋하며 기다리시리라.

행복이란 파랑새는 산 넘고 물 건너 멀리멀리 찾아가야 있는 게 아니고, 무탈하고 평범한 일상생활 속에 존재하는 보물임을 깨달은 참으로 감사한 오늘이다.

배려하는 마음

생일날인데도 새벽 일찍 출근하느라 미역국 한 그릇도 제대로 못 먹고 출근하는 제부를 보며 마음이 안타까웠다. 남편이 의정부에 있는 성모병원에 입원 중이라 낮엔 남편의 병실에 있고 밤엔 동생의 집에 와서 친정 엄마 곁에서 잠을 잤다.

그런데 오늘은 나도 전주의 병원에 예약된 날이라 내려가야겠다고 하니 동생이 말했다.

"병원으로 전화해서 예약하신 날짜를 뒤로 미루고 형부와 같이 가세요."

"그래? 그렇게 해볼까? 아이 참! 내가 왜 그런 생각을 못 했을까? 그렇게 하면 되겠네."

병원으로 전화를 하니 예약 날짜를 뒤로 미룰 수 있어서 남편에게 전화로 알려주었다.

"여보, 저 오늘 안 내려가도 되겠어요. 건강검진 예약 날짜를 다음주로 미뤘으니까 이젠 당신하고 함께 내려갈 수 있겠어요."

이 말을 들은 남편의 목소리도 밝아졌다. 지혜로운 동생의 배려로 모든 게 잘된 것 같아서 기분이 좋았다. 나는 어째서 그런 생각을 못 해내는 사람인지 스스로 생각해도 융통성 없는 나 자신이 한심하고 동생의 조언이 몹시 고마웠다.

동생이 책 한 권을 주면서 읽어보라고 한다. 『배려』라는 책이다. 엄마와 동생과 함께 가정예배를 본 후 동생이 권해준 책을 읽기 시작했다. 내용이 좋고 읽기 쉬운 문체이므로 쉬지 않고 읽었더니 밤 열두 시가 좀 넘은 후에 다 읽어졌다.

'그렇다. 배려한다는 말은 참 좋은 말이다. 나도 배려할 줄 아는 사람이 되어야지.'

날마다 가족들을 배려하고 이웃을 배려하며 살면 훨씬 행복한 삶이 될 것이다. 매순간마다 배려하는 마음을 염두에 두고 처신하면 이웃과 마음 상할 일이 훨씬 줄어들 것이다. 불화의 불씨는 언제나 자기 위주로 생각하는 것이 아니던가.

'내 주장이 옳으니 내 뜻대로 이뤄지소서.'

세상만사가 내 뜻대로 안 이뤄지는 것에 대한 불만 때문에 갈등이 생기고 불행을 느끼는 것이니까.

행복과 불행은 한치의 생각을 어떻게 하느냐에 달려 있다.

남편에게도 내 주장대로 안 따라 준다고 섭섭하게 생각하면 한없는 미움도 생기는 것이다. 내 생각도 좋지만 남편이 원하는 대로 해주면

서로 편하고 남편의 사랑도 더 많이 받을 수 있다.

나를 배려해주는 사람들에겐 고마운 마음이 들고 제 욕심만을 챙기는 사람들에겐 미움이 생긴다. '배려' 라는 말은 평소에도 자주 들었고 나도 즐겨 사용한 말이지만 오늘처럼 내면 깊숙이 침투되진 못했던 것 같다.

'어제는 남편이 나를 보자마자 짜증을 내고 심술만 부리는 것 같았는데 왜 그랬을까?'

퇴원하는 날 함께 내려가려고 며칠 전에 온 아내가 오늘은 본인이 대학병원에 건강 검진 예약한 날이라 혼자라도 일찍 내려갈 것이라 예측하니 남편의 심정이 좋지 못했던 것이다.

"이젠 퇴원해도 될 것 같은데 사위는 왜 이삼 일 더 있으란 거야. 아무 하는 일도 없이 이게 뭐야. 오늘이 벌써 십삼일째 되는 날인데."

"이 서방이 공연히 더 있으라고 하겠어요? 당신 병이 안심할 상태가 아직 못 되니까 안전하게 된 후에 퇴원시키려는 것이지요. 당신은 꼭 어린애처럼 심술만 부리는 것 같아요."

아내가 혼자서 가버리고 자기만 남아있을 생각을 하니 짜증도 날 것이다. 퇴원을 하루이틀 미뤄가는 의사 선생님도 밉고 아내도 미워서 어제는 그렇게 짜증을 낸 것이겠지.

오늘 아침에 나의 전화를 받고 밝아진 남편의 목소리를 생각하며 안도의 한숨이 나왔다.

동생의 권유로 남편을 배려하게 되어 기쁘다. 오늘은 동생을 통해 귀중한 진리를 터득하게 된 것 같아 행복한 날이다.

저녁엔 제부가 외식을 하자고 전화가 왔단다. 어머니를 모시고 횟집에 가서 저녁식사를 잘했다.

오늘이 그의 생일이니 내가 대접을 해야 될 텐데 오히려 대접을 받은 게 송구스럽다. 항상 착한 마음으로 자녀들을 배려하고 남편을 배려하며 웃는 낯으로 사는 동생의 모습이 좋아 보인다. 나의 막내 여동생은 아무래도 천사표인 것 같다.

행복이 무엇인가 바로 이런 게 행복이지.

추석 풍경

올해 추석은 9월 12일이니 너무 이른 편이다. 여름 내내 비가 왔는데 언제 햇과일과 햇곡식이 익어서 차례를 지낼 수 있을까 염려했지만, 우리 동네 과일 가게 주인은 충분히 햇과일로 차례를 지낼 수 있다고 했다. 막상 추석 명절이 가까워지니 그의 말대로 탐스런 사과와 배가 가게마다 그득했지만 값은 꽤 비싼 편이었다.

우리 집은 명절 때는 귀성길이 복잡하고 서울 큰조카 집에서 추석날 아침에 차례를 지내야 하기 때문에 아들과 며느리, 손자 손녀가 일주일 전에 미리 다니러 온다. 그래서 새김치도 담그고 추석 송편을 미리 준비하여 명절처럼 지냈다. 그런데 진짜 추석이 가까워졌다. 사돈댁에 명절 인사치레도 하고 과일과 고기, 생선도 골고루 준비했다. 우리 집에서 차례는 안 지낸다고 하지만 명절에 음식 준비를 안 하면 쓸쓸하다.

그래서 송편만이라도 찌고 싶었다. 그런데 남편이 전을 매우 좋아한다. 전 부치는 구수한 기름 냄새가 푸짐하게 나야 잔칫집 기분이 나듯이 전을 안 부치면 허전하단다.

전부침은 밀가루와 기름을 많이 사용하니 건강에 좋지 못하다는 말을 많이 들었지만, 추석인데 어떻게 전을 안 부칠 수 있겠는가. 팔월 열나흗 날 오후에 나는 돈전, 야채전, 동태전 등, 시늉으로라도 골고루 해서 사랑하는 남편이 좋아하게 하려고 했다.

돼지고기와 양파, 당근을 갈아서 홍고추, 초록고추, 깻잎 속에 차곡차곡 밀어 넣기도 하고, 동글동글한 돈전도 만드는 등, 이것저것 준비를 하고 있는데 산책을 나간 남편이 돌아왔다.

"여보, 우리 집에선 차례도 안 지내는데 내가 당신 한 사람 때문에 이 부침개를 꼭 해야 되나요?"

라고 군담을 한 마디 했더니, 그 말 한 마디가 몹시 언짢았나 보다. 부부싸움을 했다. 남편이 그토록 화를 낼 줄은 몰랐다. 아내가 그런 말을 하면 '허허, 당신은 무슨 말을 그렇게 섭섭하게 하오.' 한다든지 아니면 '암, 하늘같은 남편이 좋아하는 음식이니 당연히 해야지.' 라고 쉽게 들어 넘길 수도 있는 일이 아닌가!

내 남편은 평소에도 이마트나 골목장에서 장보기도 잘해 오고, 과일, 야채, 생선, 고기 등, 내가 부탁을 안 해도 잘도 사서 들여온다. 설거지도 잘해주고, 쓰레기 분리수거도 잘해준다.

그리고 "야, ㅇㅇ야, 너 나 같은 서방님을 어디 가서 만나겠냐. 우리 ㅇㅇ는 시집을 잘 왔지." 하며 농담도 잘한다.

그리고 젊을 적엔 하루에도 몇 번씩이나 날 사랑한다고 붙잡고 안 놓아주고 성가시게 하던 사람이다. 그런데 남편이 고희가 넘은 지금 내가 명절 전날 일을 하면서 군담 한 마디 했다고 그렇게 화를 내다니……. 배짱 좋고 비위 넉살도 좋던 내 남편, 허풍스런 웃음도 껄껄껄 호탕하게 잘 웃던 사람이 언제부터 이렇게 소심하고 위축되었는가!

나는 놀랍기도 하고 한편 슬프기도 했다. 이젠 말 한 마디도 신경 써서 해야지 내 멋대로 입에서 나오는 대로 하면 안 되겠다는 걸 느꼈다. 난 젊은 시절엔 직원 여행에서 다른 남선생과 사진 찍은 것도 자랑스레 보여줄 정도로 남편을 격의 없이 신뢰했다.

찬물 마시고도 갈비 뜯은 것처럼 남들 앞에선 실속 없는 허세를 부리던 내 남편, 지나가는 까마귀한테도 '우리 집에 가서 차 한잔, 술 한잔 하자' 고 사람을 잘도 끌어들이는 실속 없는 남편이다.

'사람 집에는 사람 발길이 끊어지면 안 된다. 어린아이들 놀러오면 잘 대접해서 보내야 된다.' 는 등, 생색내길 좋아하는 사람, 일요일에 성당에 가면 돌아올 줄 모르고 성당 교우들과 온종일을 지내는 남편이 야속하게 생각된 때도 많았다.

남들은 일요일엔 가족과 소풍을 간다든지, 오로지 제 식구들만 잘 챙기고, 손해 볼 짓은 절대로 하지 않는다는데…….

알뜰살뜰 살림을 늘려가는 이웃들을 보면 부럽기도 했었다. 그이는 한평생을 끄떡없이 자기 스타일대로 살아왔다. 언제나 호탕하게 너털웃음도 잘 웃고 항상 넉넉하게 남들을 배려하고 집안 친척 간에 우애를 잘하니 남편의 바깥 처신에 대해선 걱정을 안 했다. 친구들이나 동료들, 이웃 간에 쪼잔하게 굴지 않고 남자답게 대범하니 말이다. 내가 이웃에게 무얼 갖다 주었다고 하면 참 잘했다고 하지 왜 그랬느냐고 나무라는 법이 없다.

'남들은 도시에 땅을 산다 집을 산다 하는데, 우리는 언제나 그렇게 하나,' 조바심이 났고, 나의 마음속에 한때는 어떤 피해의식 같은 걸 안고 살았던 때도 있었다. 그러나 하느님의 은총으로 나의 자녀들이 바르게 잘 자라주니 남편의 마음 씀씀이가 후한 탓이었다는 생각이 들었다. 이젠 분수에 맞지 않게 넓은 집에서 친정어머니 모시고 걱정 없이 살 수 있음도 남편의 덕이다.

추석 명절이 되니 어머니의 친정 조카인 외사촌 형제들이 여남은 명이나 다녀가고, 나의 형제들도 어머니를 뵈러 모인다. 나는 매일 손님 접대를 하느라 바빴는데 상을 차릴 때마다 '전을 부쳐서 다행'이란 생각이 들었다.

이젠 호기롭던 남편이 건강에도 자신이 없고 활동 범위도 좁아지니 아내인 내가 잘 돌봐야할 것 같다. 평생을 살면서 걸핏하면 그이는 날 보고 '하늘같은 남편을 잘 모셔라.' 는 말을 농담처럼 진담처럼 자주 했었다. 그렇다. 부부가 해로하며 사는 것보다 더 행복한 일이 어디 있겠는가.

자식은 울타리일 뿐, 아무쪼록 하늘 같은 나의 남편을 모시고 사이좋게 잘 살면서 남편의 마음에 상처를 주는 언행은 삼가는 현숙한 아내가 되어야겠다.

동창회

해마다 한 번씩 열리는 전국 총동창회가 충남 당진 '도비도'에서 열린단다. 날짜가 가까워질수록 나는 어쩐지 참석하기가 어려울 것 같은 예감이 들었다. 왜냐하면 어린아기처럼 나를 의지하는 엄마와 요즘 불면증으로 잠을 못 이루는 남편을 두고 동창회에 가다니, 이것은 스스로 생각해도 말이 안 될 것 같기 때문이다.

어떤 사람이 '몸은 늙고 시집살이는 심해진다더니, 내가 그 꼴인 것 같다.'는 생각이 들었다. 그동안은 미국에 가서도 일 년씩이나 있다 왔고 어디든지 거침없이 잘도 돌아다녔는데, 이번엔 겨우 하룻밤만 자고 오면 되는 1박 2일 여행을 갈 수 없다니, 이건 말이 안 되는 것 같은데, 나의 현실이다.

이유를 곰곰이 생각해보니 내가 그동안 자유로웠던 것은, 나의 큰딸이 한집에서 함께 살았기 때문에 내가 해야 할 일들을 그 아이가 묵묵히 해왔고, 어머니를 여동생들이 돌보아 주었기 때문이란 걸 깨달았다. 이젠 그 아이도 몇 달 전에 이사를 갔고, 엄마는 우리 집으로 모셔왔으니 나는 내가 가장 사랑하는 이들의 명실상부한 보호자 노릇을 해야 한다.

'중화산동에 사는 여동생의 집에 어머니를 모셔다 드릴까?'

'아니야, 내 남편 친구들이 동부인해서 동유럽 여행 갈 때 2주일 동안이나 어머니를 그곳에 가서 계시게 했는데, 어머니가 우리 집으로 돌아오신 지 겨우 일주일 만에 다시 또 가시게 할 수는 없지. 암, 그렇고 말고. 더구나 동생네 집 형편도 그 무렵에 둘째 딸이 결혼해서 정신없이 바쁜데다 학교 교사인 동생도 몸이 여기저기 많이 아프다고 했었는데, 말이 안 되는 이야기이지. 결론은 나는 지금까지 한 번도 안 빠지고 총동창회에 참석을 잘 해왔으니, 이번엔 불가피 참석을 못해도 친구들이 이해할거야. 그러니까 고민할 일이 아니야.'

마음을 굳히고 나니 오히려 마음이 편했다. 요즈음 나의 심경은 어디 가서 한나절만 지내려 해도 불안하고 신경이 쓰인다.

친구들은 연방 문자 메시지를 보내고 전화를 한다. 부엌의 건조대에 설치된 전화는 온 식구가 함께 들리는 전화라 남편도 전화 내용을 익히 들었을 거다.

"○○야, 갈 수 있겠지?"

"아냐, 이번엔 좀 어려울 것 같애."

주선하는 친구의 수고에 부응할 수 없음을 미안해하며 타당한 사유를 설명도 해보지만 변명 같아서 안타깝다.

95세인 친정엄마를 남편에게 돌보아달라고 말할 염치는 도무지 없다.

드디어 하루 전날 남편의 눈치를 슬슬 살피면서,

"여보, 내 친구들이 요전에 우리 집에 놀러 오다가 당신을 집 앞에서 만났잖아요? 그 때 친구들이 네 신랑 참 멋지게 잘생기셨다고 칭찬했는데, 이번에 내가 동창회에 못 나가면 친구들이 '네 신랑 하나도 안 멋지다.' 고 생각할지도 몰라요." 하며 남편의 아량을 기대했다.

"언제는 내가 당신 가고 싶은 것을 막은 일이 있소?"

반승낙은 얻은 셈이다. 한 명이라도 더 참석시키려 애를 태우는 총무에게 청신호 메시지를 보냈다. 드디어 그날 친구들을 만나니 가슴속에 답답하던 것이 뻥 뚫리는 기분이었다.

해가 갈수록 아픈 사연 슬픈 사연 친구들의 참여 수도 줄어서 전국에서 모인 총인원이 육십오 명밖에 안 되었다.

칠십 전후의 노친네들이 '누구야, 누구야!' 이름을 부르면서 악수를 나누고 함박꽃 웃음을 피운다. 행사 내용은 해마다 거기서 거기다. 각 지역별 동창생들의 소식을 듣고 교가를 부른다. 감개가 무량하다. 저녁 식사 후 여흥 시간엔 흥을 돋우기 위해 울긋불긋한 가발과 가면까지 준비해온 친구의 정성에 가슴이 뭉클했다. 나도 못 부르는 노래지만 「나 하나의 사랑」을 불렀더니 친구들이 잘 불렀다고 격려해 준다. 오랜만에 친구들의 얼굴을 보며 밤새워 정담을 나누고 해수탕에 목욕을 하니 기쁘고 즐거웠다.

맛있는 아침식사를 한 후 부득이 서둘러 돌아가야 할 전주 친구들이 있어서 나도 함께 돌아가리라 마음을 먹었다. 아쉬워서 잠시나마 도비도 해변가를 걸으며 썰물 때를 이용하여 바지락을 줍는 사람들을 따라서 바지락도 몇 개 줍고 미역과 다시마도 따 보았다. 다른 친구들은 점심 후에 해산을 할 계획인데 우리 일행은 열 시에 출발을 하려니 아쉬움이 컸다.

그렇지만 일찍 돌아가면 반가워할 엄마와 남편을 생각하니 마치 착한 딸, 현철한 아내라도 된 양 다행스럽고 뿌듯했다.

우리 친구들은 '건강이 허락하는 한 동창회에 참석할 수 있는 사람이 행복한 사람' 이니 열심히 참석하자고 약속했다.

술 좋아하는 남편과 아내

내가 한창 젊던 시절 어느 가을, 운동회를 끝마치고 학부모들이 교실에 차려 놓은 위로 잔치 석상에서의 일이다.

교직원들이 흐뭇하게 저녁식사를 한 후 고조된 분위기에서 노래를 부르고 술을 마시는 화기애애한 자리였다. 평소에는 술을 전혀 못 마시던 나도 그날은 학부모들이 권하는 맥주를 한 잔 두 잔 석 잔 받아 마셨다.

내 나름대로의 이유가 있었기 때문이다. 도대체 술을 마시면 기분이 얼마나 좋을까? 그 기분을 알고 싶었기 때문이다. 맥주가 석 잔쯤 들어가니 웃음이 저절로 나오고 기분이 붕~ 뜨는 듯하였다.

그래서 더 마시면 더 좋을까 싶어서 넉 잔 다섯 잔 여섯 잔 일곱 잔까지 마셨으나 기분이 더 좋아지는 건 아니었다. 나의 기분은 맥주 석 잔 정도면 최고로 뜨는 실력인 걸 알았다.

다른 사람들도 오늘 내가 술을 마시고 느꼈듯이 저절로 웃음이 나오고 구름 위에 부웅~ 떠 있는 것 같은 그런 기분을 맛보기 위하여 술을 마시는가 보다.

하기야 온종일 직장 일에 골몰하고 시달리다가 퇴근길에 동료들과 어울려서 막걸리 몇 잔 걸치고 좋은 기분이 되어 귀가한다면 아내도 자식새끼들도 모두 예뻐 보일 게고, 덤으로 아이들이 좋아할 닭튀김이라도 한 봉지 사서 들고 돌아오면 제비새끼 같은 자식들이 얼마나 기뻐하며 반겨 맞을까, 과음하지 않고 적당히 마시면 건강에도 해롭지 않을 뿐더러 가정 분위기도 더욱 활기차고 화기애애해질것이다.

그래서 어떤 친구는 제 남편이 술을 안 마신 때보다는 약간 마시고 귀가한 날이 더 좋고 아이들도 좋아한다고 했다. 그런데 문제는 2차 3차를 가는지 어쩌는지 아무튼 술에 잔뜩 취해서 자정이 가까워서 들어온다면, 그것도 하루이틀이 아니고 숱한 날들을 그런 식으로 마신다면 누가 좋아하겠는가.

술을 정도에 넘치게 마시면 실수도 하기 마련이고 술에 취해 들어와서 식구들을 잠도 못 자게 일장 훈시를 하는 주벽이 있다면 괴로운 일이다.

아무튼지 오늘 나는 술 좋아하는 내 남편이 왜 술을 좋아하는지 그 기분을 이해해보려고 술을 마셔 본 것이다. 건강에 해가 안 될 만큼 간혹 가끔씩만 마신다면 좋겠다는 결론을 얻었다.

직원이 몇 명 되지도 않는 시골에서 같은 학교에 근무하기에 일부러 알려고 하지 않아도 그의 가정사를 훤히 알 수 있게 마련이다.

남편은 젊은 시절부터 패기가 있고 『사상계』를 즐겨 읽으며 리더십이 강한 사람이었다. 엄격한 부친과 형님의 가정교육으로 충효정신이 몸에 배어 항상 부모형제나 조카들을 극진히 여긴다.

다섯 살 유아 시절에 어머니가 별세하시니 형수의 손에서 자란 은공을 잊지 못해 퇴근 시간이면 조카들에게 줄 과자 봉지를 잊지 않고 챙겼다.

근면선실하며 올바른 사고와 판단력으로 매사에 최선을 다하여 아무리 술이 취해도 잠은 집에 와서 아내 옆에서 잔다는 나름대로의 원칙을 평생 동안 잘 지켜온 남편이다. 옳은 일은 적극 지지하고 비겁한 행동을 하는 사람을 매우 싫어했다.

투박하면서도 강직함이 물씬 풍기는 매력이 있기에 내가 그런 면을 높이 사서 결혼도 한 것 같고 평생을 의지하며 살아온 남편이다. 장점을 많이 가진 그 사람을 젊은 시절 술이나 마시며 허송세월하게 방관한 나는 참으로 어리석은 아내였다는 자괴감이 든다.

내가 만일 신사임당처럼 현명한 아내였다면 두뇌 명석하고 진취적인 남편을 잘 내조하여 훨씬 발전적인 인생을 살게 했을 것이다. 그러나 어쩌랴. 인생을 다 살고 보니 그러한 것을 이제 후회해봐야 무슨 소용인가.

이젠 손자 손녀가 일곱이나 되는 황혼이지만 인생은 칠십부터라는 말에 희망을 걸어볼까. 몸은 늙고 갖가지 약을 복용하며 살고 있지만, 아직도 술에 대한 향수랄까 미련은 버리질 못하고 있는지 갖가지 가용주 담그기를 좋아한다.

우리 집에는 별로 보물스러운 물건들은 없고, 마늘주, 송송주, 매실주, 인삼주, 여러 가지 약재들을 섞어 담근 술 단지들이 술 창고에 아직도 그득하다. 남편은 술 단지가 차 있어야 마음이 흐뭇한가 보다. 내가 좀 더 걸맞는 아내라면 그가 좋아하는 파전이라도 부치고 술상을 차려서 부부가 서로 권커니 자커니 대작한다면 얼마나 좋아할 텐데 그것은 요원한 일이다.

술 좋아하고 호기롭던 일도 옛일이고 이젠 건강에도 자신이 없는 남편에게 연민의 정이 느껴진다. 우리 부부가 현재만큼이라도 건강을 유지하며 살 수 있기를 하느님께 기도드린다.

알찬 꿈이 여물던 곳

우리 가족들이 전주에 이사온 지 어느덧 30여 년의 세월이 흘렀다. 내 나이 사십, 남편이 사십오 세 되던 해의 일이다.

무주에 살면서 어린애들 삼 남매를 낳아 큰딸이 고등학교 일학년, 둘째 딸이 중학교 일학년, 막내아들이 초등학교 오학년이 되던 해에 대망의 큰 꿈을 안고 도청 소재지인 전주로 입성한 것이다. 원래 전주에 살던 사람들에겐 별게 아닐지 몰라도 어떻든지 우리 가족들에겐 그랬다.

전북대학교와 덕진공원 사이의 교통이 좋고 학교도 가까운 곳에 25평 아파트 한 채를 장만하였다. 그때가 우리 가족들에겐 희망이 약동하는 봄날이었나 보다. 그땐 세상 일이 두렵거나 무서울 게 없었다.

어린 삼 남매가 한창 자라던 그 무렵쯤 애들 아빠는 겨울방학 때에도 늦잠을 허용치 않았다. 새벽 5시만 되면 가족들을 모두 깨워서 몰고 나가 새벽 운동을 시켰다.

전북대학교 캠퍼스를 몇 바퀴 돈 후엔 중앙도서관 계단 아래에서 다 함께 둥글게 서서 체조를 했다. 그런 후엔 밝게 켜진 도서관 불빛을 가리키면서 말하곤 했다.

"저기를 보아라. 이 새벽에 도서관에서 열심히 공부하고 있는 저 학생들은 장래 훌륭한 사람들이 될 것이다. 너희들도 저 학생들을 본받아야 된다. 자기가 열심히 공부하여 성공하면 후손들도 따라서 잘 살게 된다. 너희들은 부모가 물려줄 재산도 없고 권력도 없으니, 오로지 믿을 것은 자신의 노력뿐이다."

새벽마다 되풀이되는 아버지의 훈시는 어린 삼 남매의 가슴속에

'내가 살 길은 오직 학업에 열중하는 일' 뿐이란 걸 단단히 새겼을 것이다. 우리 가족들은 덕진공원을 돌아서 왕릉 조경단까지 다녀오는 게 매일 정해진 일이었다.

아침 산책길에서 돌아오면 아빠와 아이들은 씻은 후에 잠시 쉴 수가 있었지만, 엄마는 곧이어서 아침식사 준비를 해야 되니 몹시 피곤해서 내심으론 불만이 많았다.

스톱은 모르고 계속 '오라잇' 만 아는 욕심 많은 아빠의 호령에 맞추느라 어린애들이 애를 썼다. 그러나 성장 후에 보니, 저희들도 성실하게 열심히 살아온 지난날에 후회가 있겠는가.

저희들도 제 자식을 키워보니 부모의 마음을 이해하겠지. 돌이켜 생각해 보면 부모의 기대에 부응하기 위함이었던지, 자신이 세운 목표를 달성하기 위함이었던지 간에 바르게 잘 자라 준 아이들이 고맙다.

자녀들이 장성하여 혼인할 때가 되니 좀 더 넓은 집이 필요하여 서신

동으로 이사를 했다. 이젠 손자 손녀가 일곱이나 되고 중 · 고등학생도 있는가 하면 이제 겨우 다섯이레 지나서 응애응애 우는 어린 손자도 있다.

어느덧 세월은 화살처럼 빨리 흘러서 이젠 우리 부부가 고희를 넘어 황혼길에 서 있다. 자녀들은 제각기 삶의 현장에서 열심히 일하며 제 자식들 돌보느라 바쁘고, 우리 부부는 정년퇴임 후에 하는 일이 없어서 한가롭다.

전주천 산책은 건강을 위해서도 좋지만, 계절에 따라 색다른 옷을 입고 반겨 맞이해주는 들꽃들을 만날 수 있어서 좋다.

봄이면 쑥을 캐는 여인들이 있고 연둣빛 수양버들이 휘늘어진 둔치에 개나리와 싸리꽃이 흐드러지고 제비꽃과 민들레가 방실방실 웃는다. 지금은 달맞이꽃을 닮은 노란 풀꽃과 보라색 꽃이 지천으로 깔려 있다.

여름 냇가에선 물새들과 백로가 날아와서 우아한 걸음걸이로 먹이를 찾아 노닌다.

가을엔 금빛 햇살 아래 구절초가 만발하고 갈대와 억새가 살랑살랑 춤추는 전주천을 거닐며 행복이란 이런 게 아닐까 여겨진다.

산책길에서 만나는 남녀노소의 활기찬 발걸음을 따라 걸으면 나도 어느새 활력이 느껴진다. 요소마다 여기저기 갖가지 헬스 기구들이 설치되어 있어서 특별히 헬스장에 갈 필요도 없다.

나는 운동기구에 몸을 싣고 180도 선회하여 거꾸로 보는 세상을 좋아한다. 푸른 하늘엔 새들이 짝을 지어 부지런히 날고 비행기도 흰 줄을 그으며 날아간다.

흰 구름도 흘러가고 몸을 거꾸로 한 나도 어느새 한 마리의 새가 되어

하늘 바다의 구름 속을 난다. 주방에서 일을 할 땐 전주천을 내다보는 일이 즐겁다.

수달과 쉬리가 산다는 맑은 물속에선 바지를 걷어올린 개구쟁이들이 송사리 떼를 따라 몰려다니고, 잠자리채를 든 아이들은 잠자리들과 숨바꼭질을 한다. 섶다리를 오가는 사람들을 바라보며 그 옛날 어릴 때의 내 모습을 연상해본다.

너무 복잡한 대도시보다, 사람들이 유순하고 전통과 현대가 공존하는 전통 문화가 살아있는 도시, 맛과 멋의 고장으로 유명한 전주를 나는 사랑한다. 나의 조상님과 친척들, 부모형제와 어릴 적 친구들이 더불어 살았던 시골, 고향 여산에서 가까운 전주에 오랜 세월 정이 들었다.

나는 한 마리의 나비나 고추잠자리처럼 전주천 풀밭 위를 맴돌며 영원히 전주에서 한 백 년 살고 싶다.

큰 바위 얼굴 닮은 누나

어젯밤엔 처음으로 집에 간 꿈을 꾸었다. 나를 본 친구가 말했다.

"참 오랜만에 돌아왔구나."

"응, 아들의 생일이라 잠시 다니러 왔는데 주말엔 다시 미국으로 돌아가야 해."

꿈을 깨고 나니 오늘이 큰딸의 생일이었다. 새벽 여섯 시라 전화하기엔 좀 이른 시간이었지만 미역국이라도 먹게 하려면 일찍 말해야 할 것 같아서 걸었더니 다행히 그 아이가 잠에 취한 목소리로 전화를 받았다.

"네 생일날이니 미역국이라도 끓여 먹어라. 생일을 축하한다."

"알았어요. 고마워요, 엄마."

이야기 도중에 막내아들이 전화를 바꾸며,

"새벽부터 왜 전화하셨어요?"

“오늘이 네 큰누나 생일인 걸 알고 있었니?”

“그럼요, 염려 마세요. 엄마 몸이나 건강하게 잘 지내세요.

어제 토요일 저녁에 아버지가 큰사위 시험 합격 축하 파티를 열겠다고 큰사돈 댁 가족들과 이모네 가족들 모두 초청하셔서 즐거운 시간을 보냈는데 어머니가 안 계셔서 무척 섭섭했어요.”

이번 생일에는 서울에 사는 제 동생과 조카인 현재까지 미역국을 같이 먹게 되고 제 남편에게 좋은 일이 생기니 행복한 생일이 될 것 같아서 멀리 떨어져 있는 어미의 마음도 좋았다.

그러나 생일 미역국을 제 손으로 끓여 먹게 하는 게 안타까웠다. 내 딸이지만 그 애를 생각하면 언제나 마음이 푸근해진다. 제 남동생이 중학교 다닐 때,

“큰누나를 보면 큰 바위 얼굴이 생각나요.”

라고 하던 말이 생각난다. 항상 너그럽고 선하고 원만한 누나가 어린 마음에도 좋았는가 보다. 그애는 어릴 적부터 성품이 유하고 그릇이 컸던 것 같다. 유치원 다닐 때에도 언니 노릇 누나 노릇을 잘했다. 두 살 아래인 여동생이 언니를 따라서 청강생으로 유치원에 따라다니는데 한 번도 짜증내는 일이 없이 잘 데리고 다녔다.

크리스마스를 앞두고 산타클로스 할아버지께서 유치원 어린이들에게 선물을 나눠주시며 일일이 칭찬의 말을 해 주시는데, 이 아이 차례가 오니 ‘어린 동생이 화장실에 갈 땐 따라가서 엉덩이도 잘 닦아주는 착한 언니’ 라고 칭찬하셨나.

맞벌이 엄마 아빠 밑에서 자라며 동생들을 잘 돌보고 공부도 잘하며 단 한 번도 걱정시키는 일이 없었던 아이이다. 언젠가 추운 겨울에 우리

집에서 아빠의 중학교 동창생 중에서 친하게 지내던 친구들이 모여 친목계를 한 일이 있는데 부부가 모두 오셨다.

우리 집에선 처음으로 벌이는 잔치여서 있는 솜씨 없는 솜씨 다 내어야 할 형편이었다. 무주 읍내에서 장보기 한 것으론 부족하여 대전에까지 나가서 장보기를 해오고 성당의 대모님을 초빙하여 음식도 장만했다. 이웃에 사시는 교장 선생님 댁에서 접시도 빌려오고 교잣상도 서너 개 빌려왔던 것 같다.

"아니, 요릿집보다 음식을 더 잘 차렸잖아!"

손님들께서 이구동성으로 깜짝 놀라 한 마디씩 하시니 내 마음이 흐뭇했다. 그 말 한 마디 들으려고 그렇듯이 며칠 전부터 애를 썼는지도 모른다. 1박 2일의 친목계가 끝나니 씻어야 할 그릇들이 산더미 같았다. 밖엔 눈이 내리는 추운 겨울 날 우리 모녀가 그 설거지를 하느라 밤새도록 애를 썼다.

이제 중학생인 어린 딸이 수돗가에서 고무장갑을 끼고 그릇을 씻던 모습이 나의 망막에 못이 박혔는지, 가끔 그때의 일이 떠오를 때마다 가슴을 절이는 듯 애처롭다. 내가 콩쥐의 계모보다 더한 어미였던 것 같다.

첫딸이라 예쁜 옷을 보면 꼭 사 입혔고 어떤 누구보다 아끼고 사랑하는 딸인데 초등학교 육학년 여름방학이 끝날 무렵에 전주로 유학을 보낼 때부터 가족들과 떨어져 지내면서 얼마나 마음이 안 놓이든지…….

그 아이가 고등학교 일학년이 될 때 가족들이 모두 전주로 이사 와서 다시 함께 모여서 살게 되었다. 간혹 아침식사 준비가 늦을 때 학교에 지각할까 봐 택시를 타고 가라고 돈을 주면,

"학생이 무슨 택시를 타고 다녀요."

하면서 시내버스를 타고 갔다. 엄마가 사치스러운 살림 도구를 사온 경우에 그 아이의 반응은 이랬다.

"엄마, 우리 학교 앞에서 리어카에 물건을 놓고 장사하시는 아주머니들을 보면 하루의 벌이가 얼마나 되시는진 몰라도 무척 힘들게 사시는 것 같은데, 엄마는 식탁 위에 비싼 유리를 안 깔았다고 밥을 못 먹는 것도 아닐 텐데, 무엇 때문에 불필요한 돈을 쓰세요?"

값비싼 옷이나 사치스러운 물건을 사려면 먼저 딸의 눈치가 보여서 가능하면 삼가하곤 했다.

전주여고 일학년에 다닐 때, 오월 가정의 달, 청소년의 달에 선행상으로 '덕' 장을 타왔기에 고마워서 담임선생님께 전화를 드렸더니, 그 학교에선 '지 · 정, · 덕, · 선, · 예' 등 여섯 가지 덕목에서 모범학생에게 선행 표창을 하는데, 같은 반 친구들이 청소시간에 남들이 하기 싫어하는 곳을 항상 말없이 스스로 청소하는 좋은 친구라고 추천해서 받은 상이라고 설명해 주셨다.

언젠가 가을 체육대회 때엔 마라톤에 학급대표로 나간다고 했다.

"넌 달음질도 못하는데 어떻게 네가 마라톤 선수로 나가게 되었느냐?"

"아무도 희망자가 없으니 기권하는 것보다는 나을 듯하여 제가 나가겠다고 했어요."

그 말을 들으며 나는 너무 어이가 없었다.

결과는 보나 마나 꼴찌를 할 텐데 부끄럽게 어디서 그런 용기가 나오는지……. 대학교에 다닐 땐 언제나 청바지 차림으로 다니는 딸이 섭섭했고, 그 아이에게 어울릴 것 같은 예쁜 옷이 보일 때 사다가 제 방에 걸어두어도 안 입으면 속이 상했다.

직장에 다니는 엄마가 손이 안 돌아가는 일들은 언제나 그 아이의 몫이었다. 동생들이 소풍가는 날은 김밥을 싸주고, 주말이면 집안 청소를 묵묵히 하는 딸, 엄마는 딸의 공부에 지장이 있을까 봐 가능하면 잔일을 안 시키려고 신경을 썼지만 항상 말없이 엄마의 빈자리를 채워주는 '스페어 타이어' 같은 딸이다.

나의 시숙님은 종가의 장손이셔서 큰댁의 동서님께선 일 년이면 제사를 열한 번이나 모셔야 했다. 그 어른들은 조상님 제사 모시는 일을 가장 큰 덕목으로 삼고 사시는 것처럼 철저한 분들이시다. 형님은 안동 권씨 양반집 따님으로 지금도 형님의 오라버님은 상투 머리에 갓을 쓰시고, 여름이면 흰 모시두루마기에 흰색 가죽 코빼기 신발을 신으신 걸 본 일이 있는데 키도 훤칠하게 크신 그분이 옛날 멋쟁이처럼 보였다.

형님은 효성과 우애가 지극하고 전에 무주 안성 금평리 산골에 사실 때에도 그 댁에 손님이 들면 하다 못해 간고등어라도 밥상에 올릴 정도로 규모 있는 살림을 하시고 어디서 색다른 귀한 과일이라도 생기면 제사에 쓸 것은 반드시 남겨두고 먹게 하시는 분이다. 명절이나 제사 준비할 때에 형님과 함께 일을 해보면 수돗물도 어린아기 오줌 누듯이 아주 가늘게 흐르도록 틀어놓고 바가지에 받아서 쓰시는 분이라 매사가 무척 조심스러웠다.

농사를 많이 짓던 집이라 머슴처럼 일하는 양아들도 있었는데, 그 댁의 농사에 일하러 가면 일꾼들의 밥상엔 반찬도 더 푸짐하고 대접이 융숭하여 놉을 얻으러 나가면 마을 사람들이 서로 오려고 할 만큼 인심을 얻으셨단다. 제사를 지낸 후엔 음식을 동네 집집마다 모두 돌리기 때문에 어떤 사람들은 남원댁네 제삿날은 떡을 먹으려고 일부러 잠을 안 자고 기다렸다고 한다.

큰댁에 가보면 늘 바쁜 것 같았다. 텃밭에 푸성귀도 먹고 남으면 시장에 내다 팔며 알뜰하게 살림을 꾸리시고, 시부모 공경이나 시동생들 돌보는 일, 자녀들 양육하느라 한평생이 편할 날이 없으셨던 형님이 시어머님처럼 어렵기도 하고 존경스러웠다.

큰댁도 전주로 이사를 와서 제삿날이면 직장에서 퇴근 시간 이후에 큰댁엘 가게 되는 나는 항상 미안한 마음으로 살아야 했다. 그래서 큰딸이 대학생이 되면서부터는,

"제삿날은 학교에서 끝나는 대로 집으로 오지 말고 큰댁으로 가서 큰엄마를 도와드려라."
했더니 대학원 졸업하고 교사로 발령이 나서 시골 학교로 부임하기 직전에까지 육 년을 제사 봉송하러 다녔다.

큰아버지와 큰어머니께서는 이 아이를 무척 사랑하신다. 얌전하신 큰어머님의 음식 솜씨도 배우고 예절이나 제례 상식을 몸에 익혔으니 신부 수업은 제대로 한 것 같다.

어리던 딸이 과년하여 좋은 배필을 찾아 결혼을 시키고 싶은 희망에 부풀어 있을 때, 여기저기 좋은 혼처도 많이 나서는데 그 아이의 하는 말이

"저는 모든 게 잘 갖춰진 부잣집에 시집가서 어른들 시중이나 들면서 세 존재가 무의미하게 사는 것보다는 나를 필요로 하는 집으로 가서 제 손으로 무엇인가를 이루면서 사는 것이 더욱 행복하고 보람 있는 일이라고 생각해요."

라고 당돌하게 말하는 딸이 너무도 얄밉고 속이 상했다.

이론으로는 좋은 말이겠으나, 부모의 마음은 이왕이면 더 나은 혼처를 골라서 보내고 싶은 것이 인지상정이 아닌가?

내 딸의 고집을 잘 알기에 그 아이의 의사를 존중해 주기로 했다. 결혼을 한 후로 십여 년간 주말이면 시부모님께 다니러 가서 시댁의 가족들과 함께 지내고 오는 변함없는 나의 딸이 대견스럽게 보였다.

언제나 한결같이 따뜻한 말씀으로 며느리를 칭찬해 주시는 시어머님의 말씀이 고마웠고, 시댁 형제들의 사랑이 내 눈에도 보이는 듯하여 안심이 되었다.

제 몸에 알맞은 옷이 편하듯이 제가 원하는 가정에 들어가니 아무리 어려운 일이 닥쳐도 내색하지 않고 꿋꿋하게 살아가는 그 아이의 모습이 큰 바위처럼 미덥다. 알아도 아는 척 안하고 잘난 척 할 줄 모르며 잔잔한 미소로 매사를 서두는 법이 없이 겸손하게 살아가는 그 아이의 모습은 제 동생의 말처럼 큰 바위를 보는 것 같다.

이 딸을 바라보는 나의 마음은 '하느님께선 너처럼 겸손한 사람을 옳게 보시겠지만, 요즘 세상에 너처럼 사는 사람이 어디 흔하겠니.'

마음 졸이며 지켜보던 세월이 흘러 어느덧 네 나이가 사십 줄이 되었구나.

"사랑하는 딸아, 아버지와 어머니는 항상 너를 자랑스럽게 생각한다. 부디 꿋꿋하게 바르게 소신껏 잘 살아다오."

진중한 자아 성찰과 휴머니즘으로 정채精彩를 빚는 수필

— 이여산 수필가의 수필, 그 도도한 인간학

소재호 (시인, 석정문학회장)

◆ 해설

진중한 자아 성찰과 휴머니즘으로 정채精彩를 빚는 수필

— 이여산 수필가의 수필, 그 도도한 인간학

소 재 호 (시인, 석정문학회장)

근래에 수필 장르가 모든 문학 장르 중에서 가장 큰 범주의 문학적 소양에 어필하고, 그 누리는 층이 광범위화 되는 경향을 우리는 여실히 목도한다. 그런 점에서 수필은 그 문학성도 중요하지만 그 효용성에 연유하여 더욱 활성화되어야 한다는 생각이 깊어진다.

수필은 실용문적인 목적성과 인간성 고양을 도모하는 효용성과 순수문예 지향적 기능성을 두루 담지하며 아우라를 확산한다.

모든 국민이 수필 문학을 향유한다면, 우리 사회는 아름다워질 것이라는 가정으로도 수필의 효용성은 금방 감지될 수 있을 것이다.

이런 담론은, 수필이 문학 예술이면서 한편 진중한 인간학이란 점에서 논제에 부합된다.

그런데 수필의 부가가치적 효용성을 강조하다가 그 문학성 부각을 등

한히 한다면 벌써 이는 문학 예술이 아닌 것이다. 역시 고유한 소기 목적은 문학 예술의 성취라고 본다. 수필을 정의하고 평설한 것으로 교과서적이라 일컬어지는 피천득님 수필의 '수필은 청자의 연적이다. 수필은 난이요, 학이요, 청초하고 몸맵시 날렵한 여인이다……' 에서처럼 수필의 본질에 대하여 운위된 점으로만 보아도, 수필은 이미 시적체제에 입각한다. 은유적 상징적 수사나, 응축하는 주제나, 산뜻한 이미지에서 문학의 본질에 사뭇 접응한다.

그러면서도 문맥 전체에서 유로되는 문학적 분위기, 문학적 감동으로 인해 수필은 문학 본류에 분명하게 자리잡는다. 문장이 산문으로 구사된다는 점에서만 운문과 대별된다. 그러나 한편 수필에서는, 구성이 필요 없고, 클라이맥스가 무시되어도 좋으며, 아무런 소재나 제재가 모두 소용되며, 붓가는 대로 써야 하며, 또한 쉽게 써야 한다는 주장이 정설로 굳어진 바, 이는 문학성 제고라는 점에서 매우 배치되는 사려라고 본다. 필자는 감히 이런 주장에 큰 불만을 갖는다.

가령 소설에서, 짙은 문학성 함양에 필수조건으로 구성(프롯)의 적합성을 든다. 절묘한 구성은 문학성 높낮이의 절대적 관건인 셈이다. 수필에서도 절묘한 구성(입체적 구성을 포함한) 적절한 소재 배치, 전개의 끝 부분쯤에서 감정의 대량 방출(클라이맥스에 해당한) 그리고 문장의 수려한 맵시 등등은 결코 소홀해서는 안 되는 요체이다. 그리고 피사물에 대한 달관과 통찰은 더구나 기탄없이 주문되는 필수 사항이다.

이에 따라 김광섭 시인님의 「수필문학소고」에서 한 문장을 인용해본다.

수필은 달관과 통찰과 깊은 이해가 인격화된 평정한 심경이 무심히 생활 주위의 대상에, 혹은 회고와 추억에 부딪쳐 스스로 붓을 잡음에서 제작되는 형식이다.

말하자면 사물과 사상事象에 깊은 달관과 통찰에서 촉발되는 문학적 특질고特質考에 그 근원을 둔다. 사실 고금동서의 유수한 고전에서 고고한 사상이나 철학을 기술함에 있어서, 수필의 형식으로 가장 많이 쓰여졌다는 점을 간과해서는 안 될 것이다.

다시 필자는 수필의 '인간학'에 대하여 약간을 언급하고자 한다. 수필을 정의하고 개념지을 때, 여러 가지 세목이 있지만 가장 첫 머리에 상기시키는 말은 '성찰의 문학'이라는 말이다. 인간성 전체에 대한 성찰이며, 작가 자신의 자아 성찰이 수필의 주요 콘텐츠인 것이다. 이는 따라서 인간성 고양이며 생의 외경畏敬을 부양하는 윤리적 도덕적 덕목이 수필의 내면에 구조되어 있어야 한다는 점에 다름 아니다.

이러저러한 수필의 특질을 잠깐 언급해 보았는데, 이는 이여산 수필가님의 수필을 정독하면서 자연스럽게 표출되는 화두들인 것이다. 이 수필가님의 수필들은 한마디로 말해서, 수필의 정채精彩로 존엄한 인간성 문제에 옷입혀, 그 문향을 높이 떨친 작품들이란 것을 먼저 밝힌다. 그러니까 수필의 맵시 갖춤은 벌써 수필작법의 바람직한 도정을 정치하게 밟아가고 있음에서 비롯됨에 주의를 환기시키고자 한다.

이제 몇 편의 작품을 임의로 골라 감상하려 한다. 「색채의 마술사 '샤갈'」이란 작품이 제일 먼저 시선에 띄었다. 소설에서 '액자 소설'이란 형식이 있다. 어떤 스토리가 전개되어 가다가, 마치 액자를 끼워 넣듯이, 다른 이야기를 중간에 추켜들어 전개하다가 다시 시작된 처음 이야기로 회귀하는 형식이다. 김동리님의 「등신불」이 이런 형식이며 수필에서도 유주현님의 탈고 안 된 「전절」이란 작품들이 이런 구성을 갖추어, 소위 허구적인 이야기를 현상태로 착감錯感하게 만든다. 이런 입체적 구성은 다분히 문학성 제고에 기여한다.

이 수필가님은, 큰댁 결혼식에 참가하고자 상경하였다가 시간을 내어 서울 시립미술관을 찾는 이야기에서 출발한다. 자신의 평범한 일상을 더듬다가 '샤갈'의 미술 이야기에 몰입해 간다. 그런데 명화를 감상함에 있어서 이렇게도 도저到底할 수가 없다. 다시 말해서 독자들에게 충분한 '읽을거리'가 됨과 동시에 '배울거리'를 제공하고 있는 것이다. 독자 자신이 교양인임을 자처한다면 이 작품을 몇 번이나 거듭 읽어봐야 할 필연성을 지닌다.

정치적 사회적 격동기에 갖가지 고난의 시대를 살아온 마르크 샤갈이 전 생애 동안 한결같은 모습으로 살아갈 수 있도록 이끌어준 작업의 힘은 사랑이었다. 사랑을 통해 그는 작가로서의 삶을 이루어냈으며, 사랑의 힘을 통해 삶의 희망을 그려왔다. '샤갈'은 말한다. 우리네 인생에서 삶과 예술에 진정한 의미를 주는 단 하나의 색깔은 바로 사랑의 색이다. 사랑의 색깔은 전쟁의 포화 속에서도, 나치의 위협 속에서도, 끈끈한 결속력으로 삶의 원동력을 끌어낼 수 있는 강인한 힘의 원천임을 샤갈의 전시회를 통해 다시 한 번 깨닫게 되었다.

—「색채의 마술사 '샤갈'」의 일부

샤갈의 미술작품을 한나절 내내 따라다녔던, 그리고 그 예술의 매력에 전적으로 함몰되었던 타자아他自我는 다시 자신의 당하堂下 뜨락에 사뿐히 올라서서 진자아眞自我로 등장한다. 수필 속에서 화자는 아예 예술가(미술가)가 되어 있다. 우수 예술 작품을 감상하고 자기 나름의 주관적 찬평讚評을 마련했다는 것은 경이로운 일이다. 우선 이 수필가님의 수필에서 그 문장이 유려하고 물 흐르듯 자연스럽다는 점이 가장 큰 장점일 것이다. 교직에 몸 담아 실제로 글쓰기를 가르쳐 온 터여서, 그리고 수필 장르에 등단하여 문단 활동을 오랫동안 해온 경륜에 비추어 이 정도의 작품 우수성은 당연한다는 생각은 금치 못한다.

다시 「가족이 함께하는 성지 순례」를 감상해 본다.

이 책의 저자는 가톨릭 신자라면 모든 여행을 할 때 순례자의 마음가짐으로 임하는 법을 몸에 익히도록 노력하라고 한다. 관광객으로서 인생을 사는 것과 순례자로서 인생을 사는 것이 근본적으로 어떻게 다른지 여행에 대한 자기 반성을 해보는 계기가 되었다. 관광객은 자신의 욕구와 취향을 최대한 충족시키기 위해 주어진 시간과 돈을 어떻게 배분할지 고민할 것이고 인생의 단물을 최대한 빨아낼 방법을 모색할 것이다. 반면에 순례자는 참 고향이라는 미지의 목적지인 하느님 계신 참 본향을 향한 더욱 큰 모험으로 여정을 이해한다. 참 행복을 소망하며, 그 소망은 내면의 자아를 발견하게 하여 마침내 하느님과 친교를 나누며 평온히 쉬게 한다.

(중략)

순례자는 날마다 배낭 속에 참으로 중요한 신앙심, 가족에 대한 사랑, 너그러운 마음, 하느님이 보내시는 사람들을 반겨 맞이하는 마음, 즉 본질적인 것을 담고 있어야 한다.

—「가족이 함께하는 성지순례」의 일부

성지 순례를 마친 '마리아와 마이클' 부부의 체험기를 읽고 이 수필가님은 그 소감을 독후감 형식으로 소개했다. 기행문처럼 시간차 여정의 변별성을 드러내기도 하지만, 신앙인의 성지 순례와 관광지를 탐방하는 관광객의 여행을 상호 대비하면서 그 심정에서 유로되는 바를 담담하게 서사적으로 기술하였다.

책의 저자와 이 수필가님의 심경이 함께 긴밀하게 융합되어서 그 분리가 어려울 정도이다. 이는 저자의 체험에 이 수필가님의 선험,후험이 함께 한 정서로 밀착되어서 '내 수필의 제재화' 되었음을 알 수 있다. 그러므로 주제가 자연스럽게 오버랩되면서 글의 수준을 비범하게 높였다. 역시 탄탄하게 갖춘 장력으로 조탁된 문장이 돋보인다.

여기에서 다시 유연하게 스며있는 인간학을 언급하지 않을 수 없다. 종교적 풍향의 글이면서도 지나치게 종교관에 함몰되지도 않았으며 가족 사랑에서 건곤동포애乾坤同胞愛로 확대되어가는 인간주의가 이 작품의 가치를 더욱 빛낸다.

이 수필가님은 소위 가화만사성家和萬事成을 믿고 결행하는 분이다. 가정이 먼저 화목하면 만사가 뜻하는 대로 이뤄진다는 말인데, 이 주인공은 수필 작품 곳곳에서 가화家和를 실천하고 추구하며 일문一門의 성취를 이룬 이야기가 구조되어 있음을 알 수 있다.

사실 일기, 기행문, 편지 또는 보고문 따위들이나 이에 유사한 실용문이 수필의 장르에 속한다. 유명 소설 가운데에도 서간문 스타일 구성 작품이 다수 있으며, 그 형식, 특질을 넘나드는 작품들도 많이 눈에 띈다. 이 작품에서는 1인칭 주인공 시점과 3인칭 관찰자 시점이 함께 구조된 점도 특이하다.

가난한 이웃에게 후한 마음으로 나누는 삶을 살으라고 하느님께서 말씀하신다. 다섯 시에 일하러 온 일꾼이 후한 품삯을 받았을 때 내 일처럼 고맙고 기쁘게 생각하는 순수한 사랑의 마음만을 가진 내가 되어야 할 텐데…… 사촌이 논을 사면 진심으로 기뻐해야지 배가 아프면 되겠는가.

—「포도밭 주인의 마음」의 일부

성서의 말씀으로 도입 부분을 열어서 인력 시장의 상황 묘사로 진입한다. 현진건의 빈처가 상기되는, 밑바닥 서민의 신고를 소설적 서사 형태로 그리다가 다시 수미쌍관법首尾雙關法으로 '하느님 사랑'에 귀의한다. 수필의 '도입-전개-결말'로 진행되는 구성은 수필적 전범典範이다.

포도밭과 포도밭 주인과 일용 일꾼 등은 서로 상징적 상관성을 지니면서 '하느님 나라'를 은유하는, 메타 픽션(은유적 허구)을 연출한다. 수필의 주제를 암시하는 인간성 챙기기를 제기하며 인간학 화두에 부합한다. 이 수필도 결국 그 콘텐츠가 심도 있게 휴머니즘에 귀착歸着되어 있다.

어린 시절의 역경을 불굴의 정신으로 극복하고 노력하여 꿈을 현실로 만든 '월트 이리아스 디즈니'는 이 세상을 떠났지만, 만화 영화를 예술로 승화시키는 노력을 넘어 디즈니 랜드라는 세계적 왕국을 건설한 그는 이 지구상의 어린이들과 남녀노소 모든 이들의 가슴 속에서 영원히 살아서 숨쉬는 존재라고 생각되었다.

—「꿈의 세계 디즈니 월드」의 일부

작가는 미국에 가서 외손자들과 같이 '디즈니 월드'를 찾은 탐방기를 수필로 썼다. 디즈니의 불멸의 공적을 하나하나 탐방하면서 추보식으로 문장을 전개한다. 가족 화정和情에 대한 섬세한 배려와 애정이 가슴 깊이 여미어져 있다. 작가는 경이로운 정경을 관광하면서도 정신을 잃고 여기에 푹 빠져서 헤어나지 못하는 경우는 전혀 없다. 객관적 자아로서 불근불원不近不遠의 위치에서 관조하고 통찰하며 자신의 견해를 피력해 가고 있다. 그리고 디즈니의 성공담을 도입시켜 손자들에게 훈육시키는 교육자로서의 면모가 여실히 드러난다.

지극 정성으로 가족 사랑의 실제를 「큰바위 얼굴 닮은 누나」와 「추억의 단상」을 함께 묶어 탐조해 본다.

엄부嚴父와 자모慈母는 의미상 대칭이 되지만 상호 조화로운 한 묶음의 상관속相關束이다. 한 가정의 양대 축이며 자녀 교육과 양육에서 상호는 상보相補요 상생의 덕목이다. 엄嚴과 자慈가 상호 조응하고 통섭通涉하며, 여기에 거룩한 덕목의 사랑이 끼어들어 한 가문은 명문의 위상을 발현한다. 당연히 이 가정의 자녀들을 아름답게, 그리고 이 시대에 선망되는 소위 출세한 젊은이로 성장한 것이다. 어머니인 작가는 아들과 딸과 그리고 부군에 대한 무한 사랑과 존경의 념念을 금치 못하면서 끝없이 자랑하고 싶은 심정인 것이다.

또 한 편 유수한 작품 향수를 감상한다.

내 마음속에 항상 그리움으로 간직되어 있는, 내가 좋아하는 소중한 친구들에게 이제라도 좀 더 적극적인 우정의 표현을 하면서 살아야지. 이대로 살다가 죽으면 너무 억울할 것 같다는 생각이 드니 마음이 급해진다. 내가 좋은 친구가 되어주려면 어떻게 해야 될까 곰곰이 생각을 해 보았다.

— 「향수」의 일부

수필을 성찰의 문학이라 했다. 이 작품에서도 자신의 생활 태도 전반을 되돌아보며 무한 회한에 잠기면서 자못 성찰의 사념에 빠진다. 인생 후반 그 변곡점을 지내며 과감히 자신의 인생관을 바꾸며 자아 성찰의 궤적에 들어선다. 본래 향수란 어의는 '고향을 그리워하는 설움' 쯤 되는 것이었다.

그러나 광의로는 고향, 옛 추억, 옛날 우정, 또는 지난날의 못 잊을 사상事象에 대한 회억 등으로 연쇄된다. 그런데 수愁는 시름 ,근심, 로스텔저 등의 뜻을 함유한다. 작가는 아름다운 옛 우정을 오늘에 클로즈업 시키면서 적극적으로 양심 행동을 서두른다. 서러움의 정서가 사람들에겐 강인한 인상 새김이 되는 것도 함께 상고想考되는 점이다.

이 수필가님은 일상의 삶을 스스로 탐조하며 이미 사려 깊은 철학자가 되어 있다. 만물의 외연外延을 보기보다는 내포된 의미를 천착하고 우연히 내비치는 아우라를 읽는다. 가령 겨울을 맞이하면서도, 지난 시절 가을을 반추해 보고, 다시 뜨락에 일렁이는 봄의 징후를 유추하는 수필가가 되어 있다. 그리고 이제 오늘의 일을 슬기롭게 재량裁量하며 성스러운 고희의 문턱을 넘는다. 이때에 그의 정채있는 문학은 영성에 물든 그의 신선한 정신계를 찬란히 장식한다. 가화만사성하고, 가문에 영광이 넘치길 기원하며, 옹졸한 필자의 췌사贅辭를 맺는다.

이여산 수필집

향수

초판인쇄 | 2013년 3월 20일
초판발행 | 2013년 3월 31일

지 은 이 | 이 여 산
발 행 인 | 서 정 환
발 행 처 | 수필과 비평사

출판등록 | 1984년 8월 17일 제28호
주 소 | 전주시 완산구 태평동 251-30
전 화 | Tel. 063-275-4000, 063-252-5633
팩 스 | (063) 274-3131
E-mail | shina321@chol.com
sina321@hanmail.net

값 12,000원

ISBN 978-89-98524-18-0 03810

이 도서의 국립중앙도서관 출판시도서목록(CIP)은 e-CIP홈페이지(http://www.nl.go.kr/ecip)와 국가자료공동목록시스템(http://www.nl.go.kr/kolisnet)에서 이용하실 수 있습니다.
(CIP제어번호: CIP2013000632)

· 저자와의 협의에 의해 인지는 생략합니다.
· 잘못 만들어진 책은 바꾸어 드립니다.
* 이 책은 전라북도 문예진흥기금 일부 지원을 받았습니다.